“地形と気象”で解く！

日本の都市誕生の謎

——歴史地形学への招待——

竹村公太郎
Kotaro Takemura

ビジネス社

はじめに——日本文明の地形史観

２０２０年、日本学術会議によって、高校生の必修科目に「地理総合」を取り入れるべしという画期的な提言が出された。「地球温暖化等に伴う災害の激化を受け、自然と人間のかかわりを野外研究など通じて学習し、若者たちが未来の持続可能な社会づくりのための課題解決能力を身に付ける」ことを期待するとされている。

人間と自然はどのようにかかわり文明を創造してきたか。いかに自然を利用し、改変してきたのか。今の人間の営みは持続可能か。未来に向けて一体何をすべきか。

地理総合の必修科目によって、若者たちが文明と自然とのかかわりで歴史を振り返り、未来社会に向かおうとしている。

文明とかかわる自然とは何か。それは地形と気象である。

社会のインフラストラクチャー（Infrastructure）を直訳すると「下部構造」である。下部があれば上部がある。上部は下部に支えられている。

インフラに支えられている上部では、産業、経済、政治、学問、芸術、スポーツなど様々な活動が繰り広げられている。

下部構造と上部構造は共に人間の営みである。文明とは下部構造と上部構造の総体をいう。

この文明の下部構造は、地形と気象の上に載っている。下部構造つまりインフラは、地形と気象に適応したものとなっていく。

地球上の地形と気象は千差万別である。千差万別の地形と気象につくられるインフラも千差万別となる。そして、インフラに支えられている人間活動も千差万別となっていく。

地形・気象と下部構造と上部構造の文明モデルを図化することとした。歴史を見ると、インフラが崩壊していくと文明は衰退し、ついには崩壊にまで至っている。モデル図では、そのインフラの機能を表現する必要がある。

インフラの機能を「安全」「食糧」「資源・エネルギー」「交流」とした。その機能が崩

図1　下部構造ジグソーパズルのピースモデル

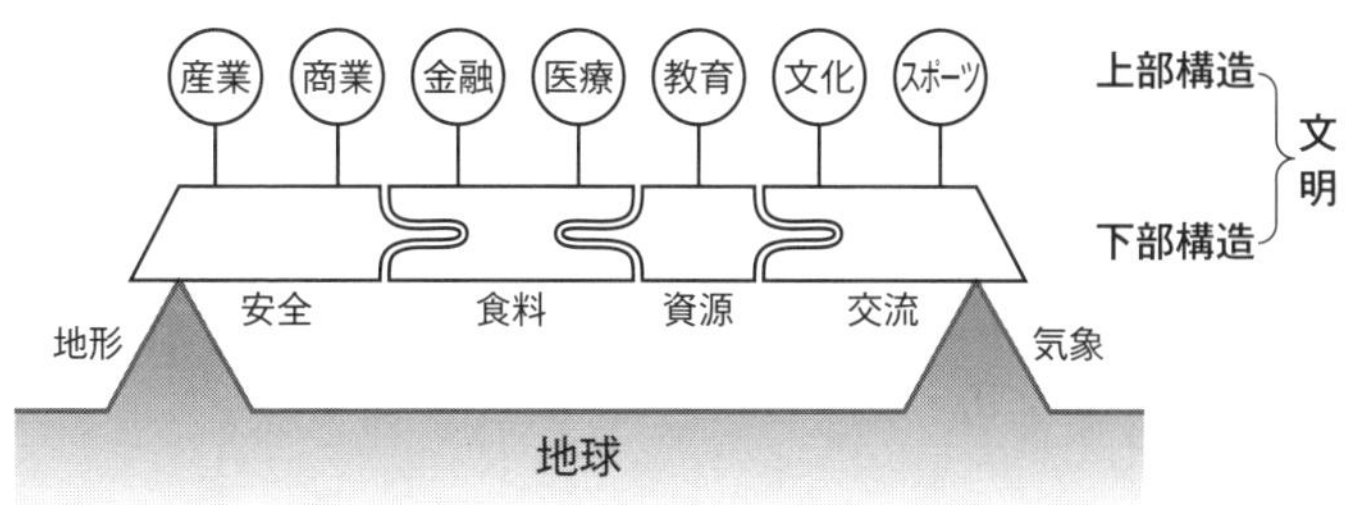

図2　ピース破壊による文明崩壊

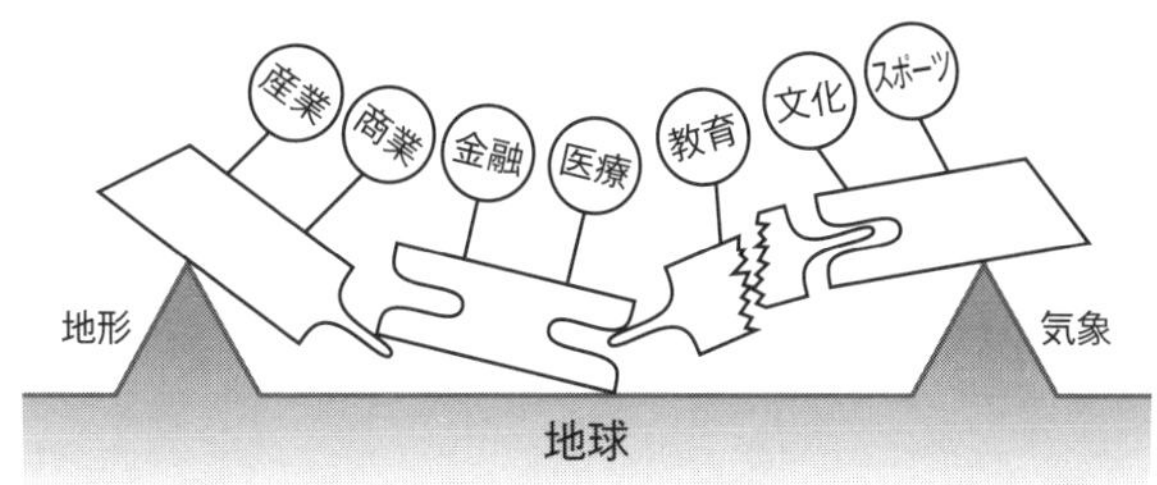

作図：竹村・沼田

壊すると、上部の人間活動全体の崩壊にまで及ぶ。そのため、4要素をジグソーパズルのピースで表した。

（図－1）が、そのジグソーパズルのピースモデルである。4つのジグソーパズルのピースがかみ合い、インフラを構成して人間活動を支えている。

インフラの1つのピースが崩れただけで、下部構造全体の組み合わせが壊れ、人間活動全体も崩壊していく。（図－2）が、その様子を表わしている。

歴史は文明の興亡史である。文明の興亡は主に人間模様で語られる。しかし、その人間活動を支えているインフラへの視線は少ない。ましてや、インフラと一体となっている最下部の地形と気象への視線はきわめて少ない。

地形と気象の上に形成された文明、その文明を立体的に理解していくには、地形と気象への視線が不可欠である。

文明の側面は多様である。見えない部分があれば、そこに光を当てる努力が続けられている。文明を壺に例えるなら、壺のどこかに影があればそこに光を当てて、隠れた文様を次々に照らし出していく。

しかし、その壺を持ち上げて、壺の底を見る視線はない。ましてや、壺が載っている土台に光を当てることもない。

本書では、日本文明を支えてきた「下部構造」と、更にその下にある「地形」と「気象」から、日本史の出来事を解き明かしていく。

日本列島は3500㎞と細長い。列島の中央には脊梁山脈が走り、無数の河川は日本海と太平洋に向かって流れ下っている。日本列島の各地方は1つとして同じ環境にない。

日本列島で展開される出来事は、列島全体に投網を懸けて語ることはできない。多様な地形と気象の地方ごとの物語となっていく。

日本文明の出来事は、オムニバス映画の短編のように、地方ごとで物語が積み重ねられていく。ところが、そのオムニバスの短編を見ていると、空間を貫き、時代を貫く日本人のアイデンティティーが、時たま垣間見られることがある。その日本人のアイデンティティーを丁寧に拾っていくのが、本書の目的となる。

そして本書では、古墳時代から江戸時代までを「通史的」に解説した。取り上げたエリアは仙台、東京、千葉、埼玉、鎌倉、甲府、静岡、京都、奈良、大阪、神戸、福岡などである。「地理」と「歴史」が好きな読者の方に、何らかの知的興奮をお届けできれば幸いである。

２０２１年４月

竹村公太郎

“地形と気象”で解く! 日本の都市 誕生の謎

目次

はじめに――日本文明の地形史観 3

1 奈良盆地での文明誕生――16

緑に囲まれた盆地 16
中央の湖を自由に行きかう舟 17
膨張する富への欲望 20
異常なほど直線型をした川 21
「分かち合い」の誕生 22
なぜ、恵みの奈良盆地を離れたのか? 23

2 桓武天皇の京都への脱出――25

恵みの地は呪いの地へ 25
伐採された山々 26
奈良盆地から淀川流域への脱出 29
長岡京の落とし穴、巨椋池(おぐらいけ) 30

3 日本列島の地理的な中心・京都 33
京都の誕生 33
日本列島と淀川流域 34
街道と海路の集まるところ 35
世界史の例外、日本文明 39
1千年の都、京都 40

4 平清盛と神戸への遷都 42
権威と権力 42
熊野古道の建設の執念 43
平安京は地獄の様相 46
神戸の地形 48
一瞬の権力者の都 51

5 なぜ、頼朝は辺境の地・鎌倉に？ 53
鉄壁の防御、鎌倉 53
湘南ボーイ、頼朝 55
荒廃の京 56
東日本へ行く要の地 57

関東の大湿地帯 60
東日本を抑えた三浦半島 62

6 モンゴル軍を破った福岡の地形――64

車の空白 65
牛馬を家族にした日本人 66
大陸の暴力 68
進軍できないモンゴル軍 69
福岡の泥地と丘や山 70
13世紀のベトナムとモンゴル戦 72
日本とベトナムとの統一戦線 74

7 「信玄堤」という画期的な治水事業――76

戦国時代の奇跡 76
危険な甲府盆地 77
三社神社のお祭り 79
三分の一堰 80
21世紀への遺産 83

8 信長が戦った比叡山と大坂の地形 85
上町(うえまち)台地の本願寺 85
比叡山延暦寺焼き討ちの理由 87
桓武天皇の鬼門 90
上町台地と湿地帯 91

9 なぜ秀吉は大坂城をつくったか 96
家康を関東に追いやる 96
孤立した土地・江戸 97
上町台地の地下水脈 100
今も現役の「太閤下水」 102

10 日本最初の運河・小名木川の謎 105
1590年代になされた工事 105
家康の自前資金で築造 106
関東制圧の地形の急所・国府台 109
干潟のアウトバーン 111
佃島の謎 113

11 禿山の中の関ケ原の戦い 116
関ケ原での金網デスマッチ 116
島津の中央突破 118
見通せない風景 119
戦国時代は禿山だった 121

12 家康が関東で発見した宝 126
不毛の地、江戸への帰還 126
フィールドワーカー家康 128
日本一の大穀倉地帯 130
地形との過酷な闘い 133

13 利根川東遷事業の謎 135
関東の鬼門、関宿 135
利根川を銚子へ 138
400年後も継続されている 139

14 都市を支える命の水 141
広重が描く虎ノ門のダム 141

15 伊達政宗がつくった仙台 151
塩分化していた地下水 144
玉川上水の完成 146
ダムは都心から消え山の中に 148
都市文明を支えるダム 149
3・11で機能した仙台市の下水処理場 152
都市計画上の見事な条件 154
秀吉に学んだ街づくり 156
持続可能な水インフラ 157

16 家康はなぜ静岡に隠居したか 160
駿河の国の府中＝駿府 160
日本列島の東西の要 161
極めて特異な地形 163
安倍川がつくった鉄壁の軍事都市 165

17 200年の平和が生んだ堤防と文化 169
江戸時代の国土誕生 169
平和な時代の新しい戦い 171

堤防の祭りと共同体意識　172

18 日本堤と墨田堤の仕掛け　174

最初の洪水対策・日本堤　174
日本最初の治水ダム　177
吉原遊郭の移転　179
墨田堤でのお花見　183

19 明暦火災後の復興事業　185

壁がない日本の都市　185
土と木と紙の都市、江戸　186
阪神淡路大震災での証明　189
火災の延焼と街路幅との関係　190
災害と生きる都市　192

20 日本列島の旅とは歩くこと　196

中国、韓国との比較　196
縮めることが好きな日本人　197
荷物を背負って歩く日本人　200
いかに荷物を小さく、軽くするか　203

エネルギーを最小にする社会へ　204

21 断崖絶壁の江戸文明　206

幕末に広重が描いた風景　206
東海道の山々の荒廃　208
燃料としての材木の需要増　210
全国の森林が消失する危機　212
化石エネルギーとの邂逅　214

番外編 地形が生んだ「日本将棋」　216

世界中に存在する盤上ゲーム　216
孤立している日本将棋　218
なぜ立象が駒形へ？　222
歩く日本人の細工と詰め込み　224
持駒使用の刺激と興奮　226

1 奈良盆地での文明誕生

緑に囲まれた盆地

日本文明は奈良盆地で生まれた。

何故、日本文明はこの奈良盆地で生まれたのか？　何故、大阪ではなく、京都ではなく、名古屋ではなかったのか？　何故、奈良盆地で飛鳥京、藤原京、平城京と次々と都が造られたのか？

このような疑問が湧いてくるが、これに答えてくれる歴史家は少ない。

実は、奈良盆地には日本文明が誕生する条件が揃っていた。奈良盆地の地形と気象がその条件であった。奈良盆地の土地と気象が、日本文明の誕生を下支えしていた。

『日本書紀』（宇治谷孟『全現代語訳、日本書紀』）の中で、神武天皇が東へ向かう「東征」

で、塩土老翁（しおつちのおじ）の逸話がある。塩土老翁は、先発して敵陣を見てくる斥候隊であった。歳を取った爺さまだったので、敵の目を欺けたのだろう。

その塩土老翁が、神武天皇に向って「東に美き地あり。青山四周り（せいざんよもめぐれ）」と報告している。つまり「大将、大将、東に美しい土地がありましたよ。全周が緑豊かな山々で囲まれた土地です」。この情報を得た神武天皇はその奈良盆地に向った、という逸話である。

『日本書紀』の信憑性について、今も議論が続いている。しかし、奈良盆地の地形を表現した塩土老翁の言葉は、実にリアルである。美しい地形の奈良盆地を発見した爺さまの興奮した息遣いが伝わってくる。

■中央の湖を自由に行きかう舟

当時の奈良盆地は、中央に湖が広がり、緑豊かな山々が全周を囲んでいた。まさに、塩土老翁が報告したように、天国のように美しい盆地であった。

この奈良盆地までは、ユーラシア大陸の暴力の騒音は聞こえなかった。さらに、周囲の山々の濃い緑は外敵の急襲も防いでくれた。そして、この山々の木々は、住居と宮殿の建設材料となった。湖を自由に行きかう舟の材料にもなった。もちろん、木々は生活のための燃料になった。

さらに、この山々は何物にもまして重要な水を与えてくれた。盆地周囲の沢という沢から、清らかな水が流れ出ていた。この水は生命の源であり、稲作にとって不可欠な資源であった。

この山々から流れ出た水は、盆地中央で大きな湿地湖を形成していた。周囲の山々は夏の海風を防ぎ、冬の北風を防いでいた。湖は鏡のように穏やかで、小舟を利用すれば盆地のどこにでも簡単に行けた。奈良盆地は自然の水運に恵まれていた。（図1－1）は当時の奈良盆地の地形を示している。

奈良盆地は、①安全で②木材エネルギー資源があり③水資源が潤沢で④水運があった。文明が誕生するために必要なインフラがすべて揃っていた。それはすべて自然が与えてくれたインフラであり、奈良盆地は天の恵みに溢れていた。

さらに、この奈良盆地は文明を誕生させただけではなかった。奈良盆地は文明を膨張させ、発展させるエンジンも持っていた。それも奈良盆地の地形に深く関係していた。

図1-1　古代の奈良盆地の地形

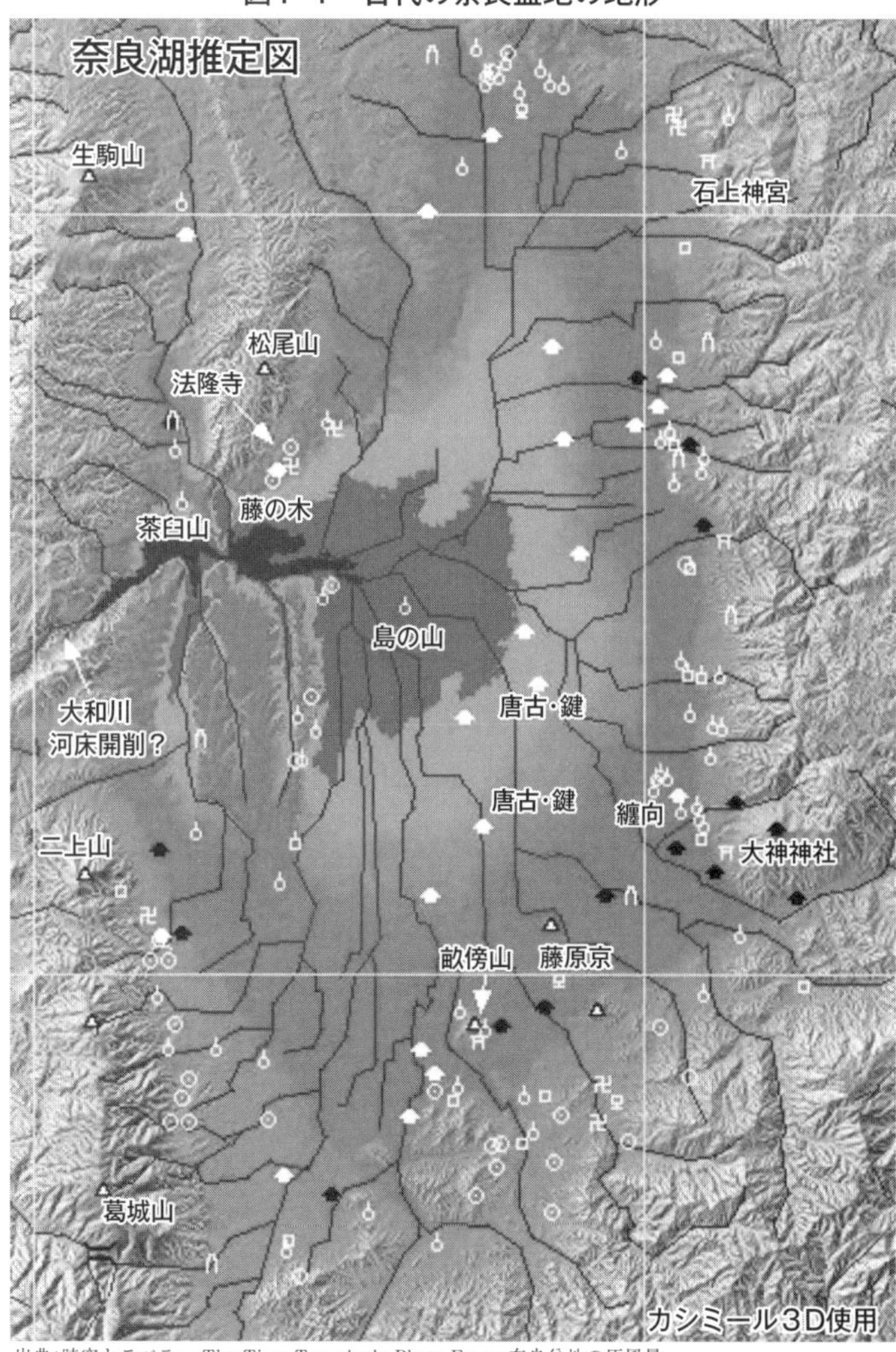

出典:時空トラベラー The Time Traveler's Photo Essay 奈良盆地の原風景

■膨張する富への欲望

文明が発展していくには、人々の膨張する欲望が満たされなければならない。欲望が満たされない社会には、人々が集まらない。人々が集まらない社会は停滞し、衰退していく。奈良盆地は、その人々の欲望の膨張を満たした。

欲望の膨張とは、米の収穫の増加であった。収穫を増加させるためには、水田の拡張が必要である。奈良盆地では、その水田の拡張が可能であった。水田の拡張のエンジンは、豪雨に伴う土砂崩れであった。

災害が少ない奈良盆地にも、何十年に一度は大規模な豪雨が襲ってきた。その豪雨は山々の斜面を削り、その土砂は一気に沢を下り、沢の出口は土砂で埋まった。

21世紀の土砂崩れは、日本にとって大被害をもたらしている。しかし、奈良盆地の土砂崩れは、古代の人々に贈り物をもたらした。

豪雨が去った晴天の下、人々は沢の出口に集まった。そして、堆積した土砂を見て、歓声を上げて喜んだ。

人々は水田の拡張に向った。新しい水田のために、土砂を遠くから運んでくる必要はなかった。豪雨が運んでくれた土砂が、目の前にあった。その土砂を湖に押し出していけばいい。湖に押し出した土砂を、平らに均せばよい。簡単に新しい水田が生れていった。湖の周囲のすべての沢で、この作業が行われた。豪雨と土砂崩れという自然の力を利用した新田開発が、奈良盆地全体で展開されていった。

異常なほど直線型をした川

奈良盆地の川はどれも、異常なほど直線型をしている。（図1－1）で見られるような直線の川は、日本国内を見渡しても少ない。

川の流れは、エネルギーである。山々の中で水流はエネルギーを集め、渓谷を濁流として流れ下る。山から出ると水流は、そのエネルギーを解き放たれ、あちらこちらに向かって流れていく。水流は必ず弱い個所を狙う。最も弱い個所を狙って土砂を削り、削られた個所に水流は衝突し、さらに土砂を削って行く。川の流れの方向は、予測できない。流れは分岐し、再び合流し、網の目のような複雑な流線を形成していく。

扇状地や平野で、川の流れは必ず蛇行する。ただし、人が手を加えた場合は別だ。木杭を並べて打ち込めば、水はその杭に沿って流れていく。その木杭の裏を土砂で埋め干拓すれば、水路は直線になる。20世紀に入って干拓された八郎潟の川も直線になっている。

直線の川こそが、奈良盆地が人工的に形成された土地であることを物語っている。

「分かち合い」の誕生

拡張された土地は、人々の財産となった。しかし、その拡張した土地を配分する時には、必ず、もめ事や紛争が発生する。利害がからむ紛争は長引き、当事者全員が消耗していく。

そのため、円満に話し合いで解決していくことが求められ、土地配分のルールや隣地の境界との確定が必要となっていった。

奈良盆地で、日本最古の土地区画整理の条里制が誕生したのは偶然ではない。条里制とは、土地を縦横の列で正方形に区分して、区画ごとに所有者を決め、隣地との境界を確定し、それを役所に登録していく制度である。条里制は拡張していく土地の利害を調整する知恵として誕生していった。

新たに生まれた土地を巡って争うのではなく、ルールに従って「分かち合う」。その分かち合いが最も合理的、という共通認識が醸成されていった。

日本初の憲法の聖徳太子の「十七条憲法」の第1条は、「和をもって貴しとなす」とある。

私は長い間、これは精神的で説教臭い教えと思っていた。そのため、素直に胸に入ってこなかった。しかし、拡大する土地を巡って「和して分かち合う」を指示した現実的な定め、と考えると、十七条憲法の第1条がストンと胸に落ちていった。

世界の歴史をみると、どこでも、いつでも富は戦って獲得するものであった。富をシェアーする、富を分かち合うなど聞いたことがない。富を巡る争いは、敗者から勝者へ富が移動するゼロサムゲームであった。しかし、富が拡大していった奈良盆地の場合は違った。拡大する富の前で、分かち合う規範が生れていった。

21世紀の今でも、分かち合いの精神は日本人の心の一部を占めている。この日本人独特の分かち合いの精神は、富が拡大した日本文明発祥の奈良盆地から生まれた。

なぜ、恵みの奈良盆地を離れたのか？

奈良盆地に人々が次々と集まった。人々は、飛鳥宮、藤原京そして平城京と、華やかな都を次々と建造した。人々は水田の分かち合いの条里制度を生み、律令で社会を制御する文明を誕生させていった。

日本文明を誕生させ、成長させたのは、奈良盆地の地形と気象であった。

そして、和をもって分かち合う日本人の精神を形成したのも、この奈良盆地の地形と気象であった。

しかし、西暦784年、桓武天皇は奈良盆地から出てしまった。桓武天皇は長岡京に遷都し、その10年後の794年、長岡京から京都の平安京へ再遷都した。

桓武天皇による奈良盆地からの遷都は徹底していた。朝廷や貴族たちはもちろん官人、工人そして一般庶民のすべてが移動し、宮廷の建材、瓦、内装品、装飾品は解体され持ち運びだされた、と伝わっている。

この徹底した遷都をみていると、まるで奈良から脱出して行くようだ。

なぜ、桓武天皇はこの恵まれた奈良盆地から出てしまったのか？　いったい何が桓武天皇を奈良盆地からの脱出に駆り立てたのか？

それは奈良盆地の恵みの地形は、呪いの地形に変貌していたからだ。

2 桓武天皇の京都への脱出

恵みの地は呪いの地へ

桓武天皇が平城京から遷都した理由は、歴史家のあいだでも諸説ある。

1つは、天智天皇系だった桓武天皇は、天武天皇系の奈良から離れたかった。1つは、藤原一族など在来貴族の影響から離れたかった。1つは、道鏡など仏教の影響力を弱めたかった、などである。

人文系の歴史家たちの論点は社会、政治そして宗教の分野で展開されていく。それらの分野は多様多岐であり、それこそ解釈は専門家の数だけあり、論議は果てしなく続いていく。

それが歴史の面白いところではあるが、私はインフラを専門にしている。そのため、歴史の解釈は地形と気象と社会の下部構造のインフラからアプローチしていく。

奈良盆地は安全、森林エネルギー、水資源そして水運に恵まれた「地形」で、日本文明の誕生の地となった。その同じ「地形」の理由で、奈良は捨てられることとなった。

飛鳥京、藤原京そして平城京を誕生させた恵みの奈良盆地は、インフラからみると悲惨な呪いの地に変貌していたのだ。

■伐採された山々

約300年以上、奈良盆地で3つの都が誕生し、宮殿と寺院と人々の住居が建築されていった。

まず、寺院のための巨木が周囲の山々から次々と切り出された。巨木が切り出された後、人々は山へ入り燃料や建材用に立木を伐採していった。立木を伐採し尽くすと山を焼き払い、畑として開墾していった。これは奈良だけではなく、世界中の人類が生きていく共通のプロセスであった。

故・岸俊男氏（奈良県立橿原考古学研究所長）の推定では平城京の内外には10万人から15万人の人々が住んでいたという。また、作家の石川英輔氏によれば、江戸時代に建材や燃料として1人当たり1年間で20～30本に相当する立木が必要だったという。

奈良時代で年間1人当たり最低10本の立木が必要だったと仮定すると、年間100万～150万本の立木が必要となる。100～150本ではない、100万～150万本である。モンスーン気候の日本の植生は生育が良い。しかし、それにも限度がある。年間100万本以上の立木伐採は、日本列島の森林の再生能力をはるかに超えていた。それが300年以上続けられたのではたまらない。

奈良盆地を囲む山々は、禿山となってしまった。

（図2－1）は米国の歴史学者、コンラッド・タットマン氏による日本の歴史的森林伐採の変遷である。彼は全国の寺社仏閣に入り込み、縁起書類を調べ上げた。寺社の縁起書物には、その寺社の創建や大改築時の事柄が記録されている。その中には、どこで木材が伐採され、持ち込まれたかが記録されていた。その記録を年代ごとに図に表した貴重な資料である。

図2－1の中央の濃い部分が、西暦800年までに森林を伐採した地方である。奈良時代には、紀伊半島や琵琶湖北岸まで森林伐採が行われていた。奈良盆地周辺では木材が確

図2-1　祈念構造物のための木材伐採圏

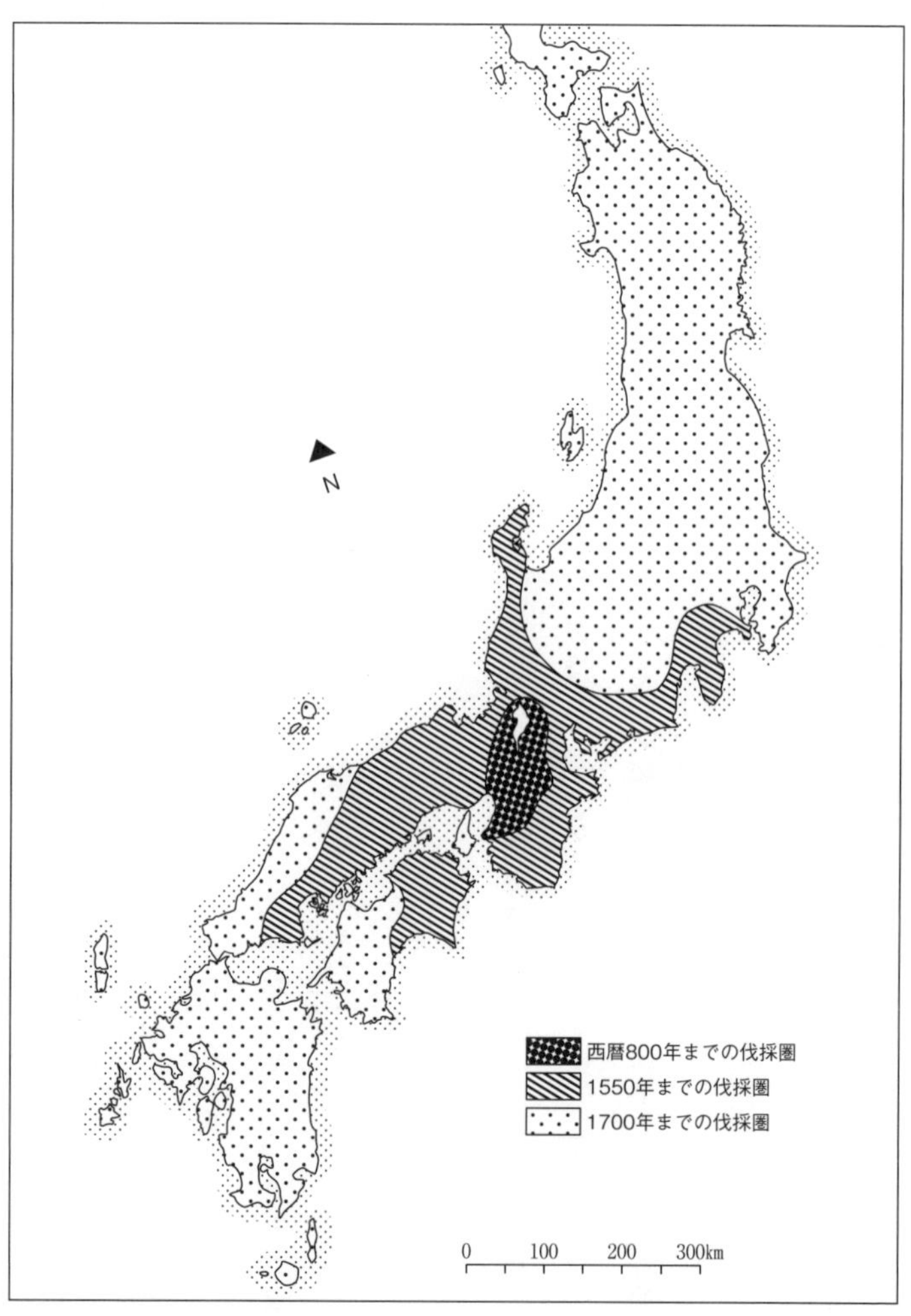

出典:『日本人はどのように森をつくってきたのか』コンラッド・タットマン著(熊崎訳、1998、築地書館)

保できなかった、つまり、奈良盆地周辺の木々は伐採され尽くされ、山々は禿山になっていたことが分かる。

奈良盆地から淀川流域への脱出

周囲の山々が禿山になってしまった奈良盆地は、厄介で危険な土地へと変貌していった。

少しでも雨が降ると山々の土壌は流出し、斜面は次々と崩壊していった。山の保水力は失われ、あちらこちらで湧いていた清水は涸れていった。さらに、流出した土砂は、湿地湖を埋めていった。もともと平らで水はけの悪い奈良盆地はますます水はけが悪くなり、雨のたびに都や田畑は浸水に見舞われてしまった。人々の生活排水や排泄物は湖で澱み、不衛生な盆地では疫病が慢性化していった。もちろん、土砂で埋まった湖で舟の行き来はままならなくなった。

安全で、清潔な清水が湧き、森林資源に恵まれ、舟の便が良かった奈良盆地は、森林資源を失い、水害が多発し、汚物が淀み、不潔な疫病が蔓延し、水運の便が悪い土地となってしまったのだ。

インフラが崩壊すれば、文明は存続できない。桓武天皇がこの悲惨な奈良から脱出したのは、必然であった。奈良からの遷都は、奈良盆地のインフラの崩壊にあった。

奈良盆地を流れる大和川の隣には、淀川があった。この淀川流域には大和川流域で枯渇した森林エネルギー資源が豊富にあった。

なにしろ、淀川流域は大和川より8倍も大きい。森林も豊かであり、上流にある広大な琵琶湖は、豊富な水を貯め、川の水を涸らすことはなかった。

784年、桓武天皇は日本文明を生んだ大和川の奈良盆地を後にした。遷都した先は淀川流域の長岡京であった。

何故、桓武天皇は長岡京へ行ったのか。それには理由があった。そこには巨椋池（おぐらいけ）が存在していたからだ。

長岡京の落とし穴、巨椋池（おぐらいけ）

この大きな巨椋池は、奈良盆地の湖とそっくりだった。鏡のように穏やかな湖は水運の便が良い。小舟でどこへでも行けた。

桓武天皇にとってこの広大な巨椋池の風景は、故郷の奈良盆地の湖の原風景であった。

図2-2　明治時代の京都及び巨椋池（おぐらいけ）

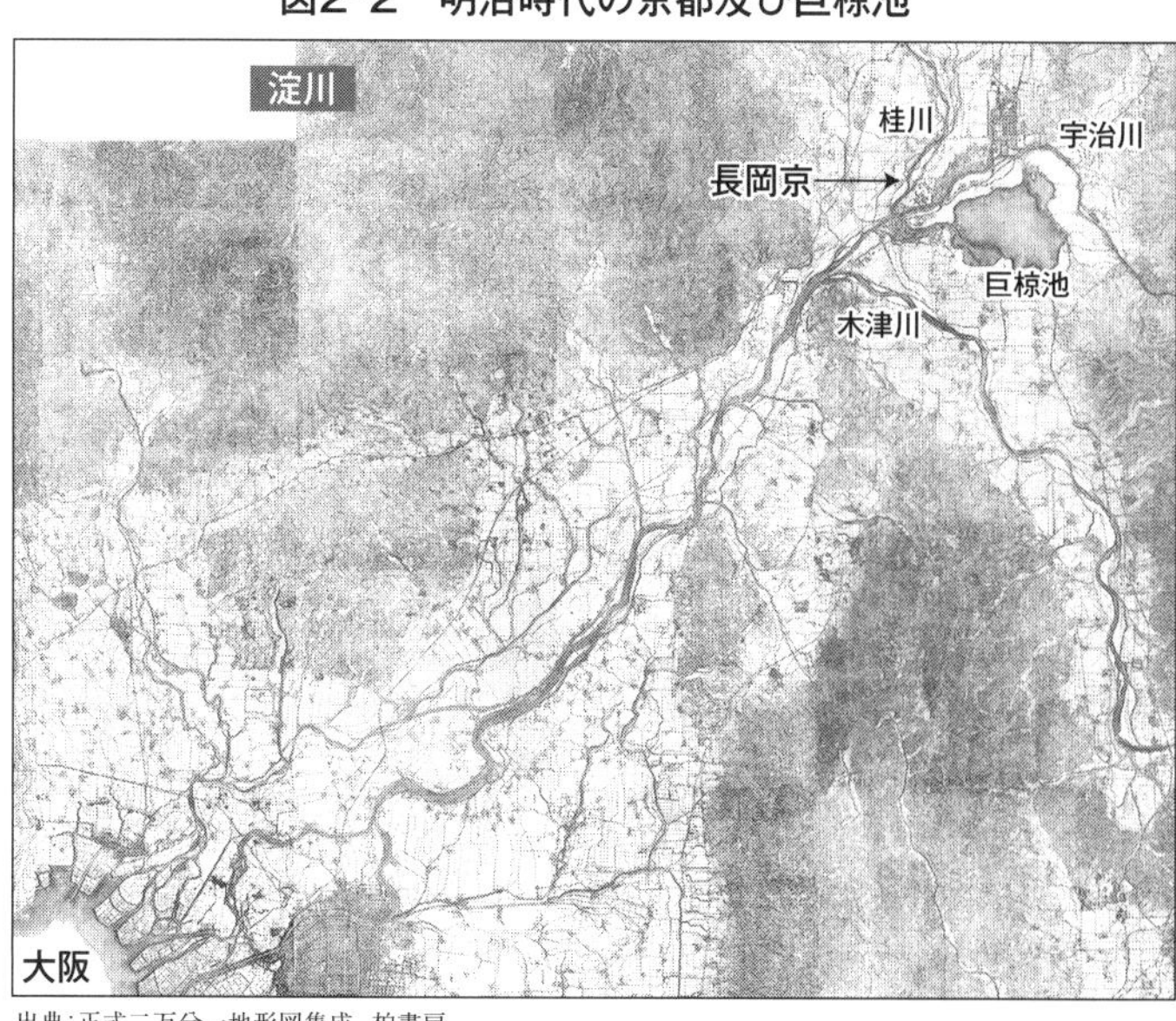

出典：正式二万分一地形図集成　柏書房

しかし、この巨椋池の長岡京には、途方もない落とし穴が待っていた。その落とし穴は地形にあった。

21世紀の今でも、淀川が京都から大阪に出る場所に狭窄部がある。右岸の山崎の丘と左岸の石清水八幡の丘が迫ってできた狭窄部である。その狭窄部に、木津川、宇治川、桂川の3河川の流れが集まり、巨椋池を形成していた。普段は穏やかな巨椋池であったが、強い雨が降れば3本の川の洪水は、一気に巨椋池に集中し氾濫を繰り返した。

（図2－2）を見れば、巨椋池近くの長岡京がいかに洪水に弱いかは一目瞭然である。長岡京へ遷都して以降、長岡京は何度も洪水に襲われた。そのため、桓武天皇はたった10年で長岡京から再び遷都しなければならなかった。行先は長岡京から30ｍも高い京都であった。

人類の歴史上、１人の権力者が2回も遷都、それもたった10年間で本格的な遷都を繰り返した例など聞いたことがない。

長岡京から平安京への遷都を、藤原種継の暗殺に関連した早良（さわら）親王の怨霊によるものという人間模様で説明されている。しかし、地形と気象とインフラからみれば「桓武天皇は3河川が集中する地形の凄まじさを知らなかった」、ただそれだけなのだ。

しかし、この桓武天皇の長岡京の失敗は、京都への遷都という大成功で帳消しにされることとなった。

いや、帳消しどころではない。京都への遷都は、日本人のアイデンティー形成にとって途方もない貢献を果たしていくこととなった。

3 日本列島の地理的な中心・京都

■京都の誕生

長岡京の北に標高が30ｍほど高い土地があった。この土地は３河川の大洪水に襲われる心配はなかった。

この土地の北側には山々が連なり、冬の北風を防いでくれた。飲み水は山々の沢水や湧き水で潤沢に得られた。背後からは鴨川が流れ下り、宇治川に合流し、巨椋池に流れ込んでいた。

鴨川の勾配は急で流れは速かったが、強力（ごうりき）が引き舟をすれば、遷都のための物資を運ぶ水路として機能した。

桓武天皇はこの土地へ遷都することにした。長岡京に遷都して10年後の７９４年、桓武天皇は新しい都をこの地に建設した。

京都の誕生であった。

桓武天皇は長岡京への遷都に失敗した。しかし、桓武天皇の淀川流域への遷都と、二度目の京都への遷都は、日本文明にとって決定的な貢献を果した。

■日本列島と淀川流域

桓武天皇の遷都の意義は2つある。

まず、日本文明を奈良盆地から淀川流域へ押し出したことであった。

奈良盆地は山々に囲まれた行き止まりの土地で、シルクロードの終着地点である。日本文明を生み、育んでいくには、平和で自然に恵まれた土地だった。しかし、この奈良盆地は日本列島の交流の軸から外れていた。

ダイナミックな歴史は必ず交流の軸の上で展開される。多くの人々が行きかい、戦国武将や英雄が駆け抜ける日本史が開始されようとしていた。閉じた地形の奈良盆地は、ダイナミックな日本史の舞台としては不適当であった。

それに対し、淀川流域は日本列島の中心に位置し、東西に開けていて日本列島の人々が行きかう交流の舞台であった。

桓武天皇の遷都の第一の意義は、都を奈良盆地からこの淀川流域に押し出したことであった。

桓武天皇の遷都の意義の第二は、長岡京から京都へ二度目の遷都をしたことであった。

京都への二度目の遷都は、日本人のアイデンティティー形成にとって必須条件だった。

街道と海路の集まるところ

京都は日本の中心に位置している。朝廷が京都に移ったから、京都が中心になったのではない。古代より京都は日本列島の地理的中心であった。

古代から七街道と呼ばれる街道があった。

京都から陸路を南西に向かうと、山陽道が延び山口県の下関まで続いていた。

京都から北西に向かうと、福知山から山陰の鳥取、島根に延び下関で山陽道と合流した。

京都から東へ向かうと、否が応でも山科から逢坂を越えることとなる。この逢坂を越えると、大津に出た。大津から琵琶湖を北に向かうと、日本海の福井、石川そして新潟へ繋がった。北陸道であった。

大津から陸路を東に進み関ケ原を越えると、山岳の東山道（後の中山道）となり岐阜、長野、群馬、そして栃木から東北へとつながった。大津から米原を過ぎて南へ向かうと、海岸ルートの東海道となり、関東の茨城まで続いていた。

これらの古道は、京都が都になる以前、何千年も前から、日本列島を行き来する古代の人々が通る道であった。

21世紀の今、その古道たちはＪＲ線として生き残っている。京都から西へ向かって山陽線、北へ向かって福知山線から山陰線、東に向かって湖西線から北陸線、中央本線そして東海道本線である。

陸路だけではない。海路で瀬戸内海を東に向かい、播磨灘を抜けると大坂に着く。太平洋から紀伊水道を北上すると、やはり大坂に着く。その大坂から淀川を遡ると京都に着いた。海路もすべて京都にたどり着いたのだ。

日本列島の主たる街道と海路が、地形的に京都に集まっていた。（図3-1）で京都に交流軸が集中していることを示した。

凸レンズは、散漫な光を集め、焦点で一点に集めていく。京都は３５００㎞の日本列島

図3-1　京都は焦点

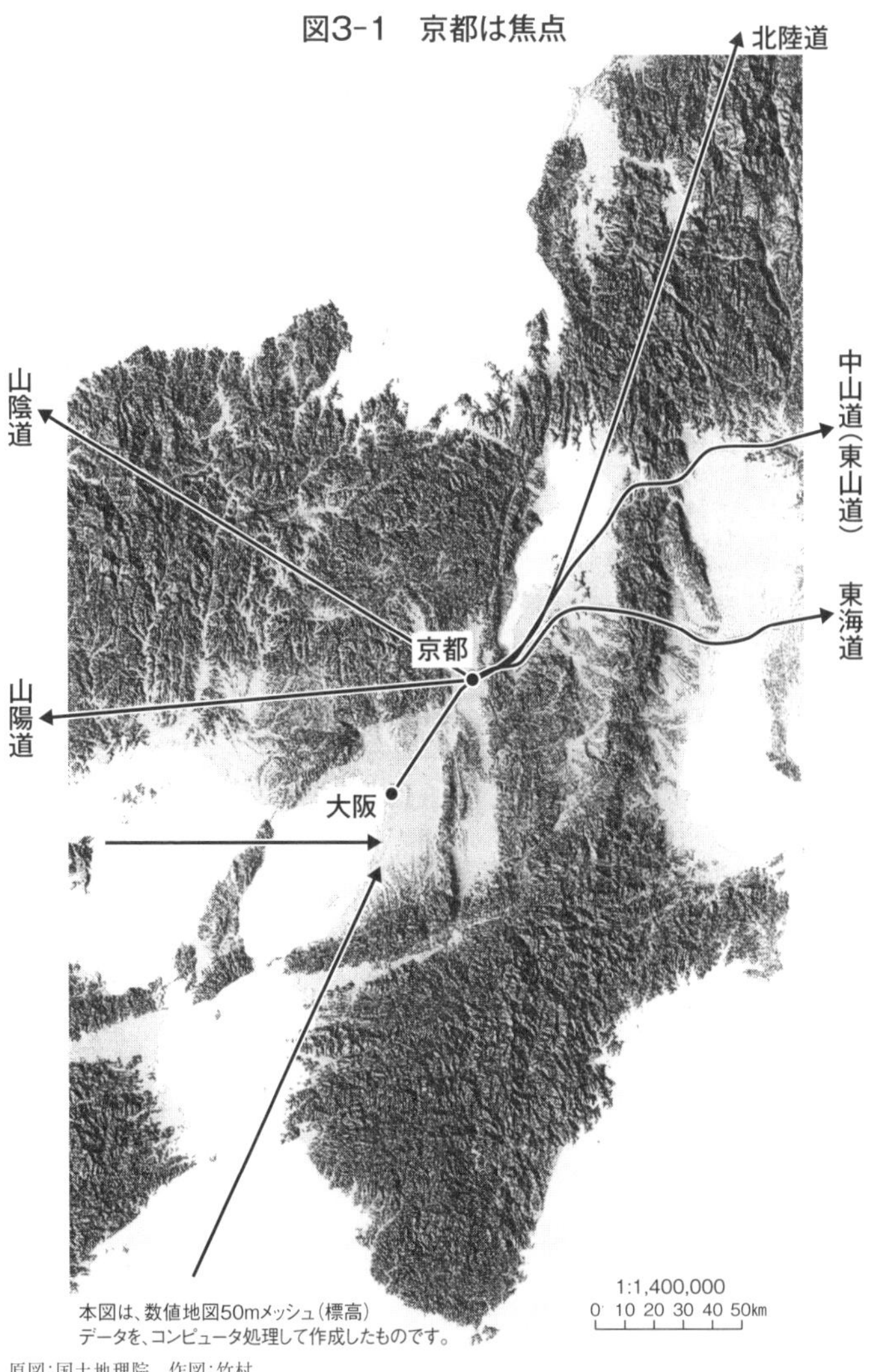

原図:国土地理院　作図:竹村

の人々を、一点に集める焦点に位置していた。

日本列島を歩く人々は、東西南北の四方から京都に着いた。その人々は京都で出会って、京都で情報を得て、そして東西南北に散らばっていった。京都の情報は日本列島の津々浦々まで伝わった。京都で得られた文字、絵画、工芸品の情報は、各地の人々に大切にされ、愛でられた。

日本列島は地形で分断された列島である。流れの速い海峡が、いくつもの島々を分断している。険しい脊梁山脈が、列島の東西を縦断している。脊梁山脈から無数の河川が流れ下り、その河川は平野を分断している。

普通、地形で分断されている人々は、情報を共有しない。言語を変え、文字を変え、風習を変えていく。ところが、地形で分断された日本列島の人々は、京都で出会い、同じ言語で会話し、情報を共有していった。

共同体とは情報を共有する人々である。京都で出会った日本人は、情報を共有し、日本列島に住む共同体としての帰属意識を育んでいた。

世界史の例外、日本文明

世界中の大陸で、歩いていると自然にある地点に集まっていくなど聞いたことがない。日本と同じ列島群の英国連邦と比較しても分かる。イングランド、アイルランド、ウェールズそしてスコットランドを歩けば、限りなく道は拡散していく。地形が人々を自然とロンドンに導くことはない。

ヨーロッパ大陸でも、地形が一点に集中していく土地はない。人々は四方に散らばり、限りなく情報は拡散し、言語は変形していく。

21世紀、ＥＵ連邦は27カ国で構成されている。このＥＵ連邦の南北の距離は、おおよそ日本列島と同じ３５００㎞である。この27カ国が構成するＥＵ議会での公用語は、24言語である。英語、仏語、独語、スペイン語だけではない。各国がＥＵ参加の条件として、自国の言語を公用語として主張したため公用語は24言語となってしまった。そのため、ＥＵ議会での通訳費用が嵩んでいるという。アイデンティティーの言語が異なる各国が、１つの共同体になろうとしている。この挑戦がいかに至難かが分かる。

ましてや、アフリカ大陸、中近東、ユーラシア大陸、インド半島、南北のアメリカ大陸のどこを見回しても、ある1地点に集中するような地形はない。焦点のない世界中の土地で、人々は分散していった。人々が分散していけば、共通した情報はなく拡散し、言葉は変形し、アイデンティティーは限りなく分裂していく。

故・サミュエル・ハンチントンは指摘した。

「世界史で生き残った文明は5つある。西洋文明、イスラム文明、中国文明、インド文明そして日本文明である。この生き残った文明の中で日本文明は特異な文明である。日本文明には敵対する文明はない。日本文明には連携する文明もない。日本文明は孤立した文明である」

なぜ、日本文明が孤立するほど特異なのか。その理由は、日本列島で生きている人々は、何千年間も同じ情報と同じ言語を共有してきたからだ。世界の中でそのような例はない。

1千年の都、京都

近代の明治になるまで、1千年間、京都は日本の都であり続けた。日本の歴史は揺れ動いたが、都としての京都は不動であった。

文明の中心の都であるための条件はいくつかある。その中で最も大切な条件は「情報」である。

都が都であり続けるためには、情報の中心でなければならない。京都は日本列島の人々が行き交う街道の集中点であり、情報の集中点であった。

京都は、地形的に日本列島の都となる運命を背負った土地であった。

桓武天皇は長岡京への遷都で治水上の失敗をした。しかし、桓武天皇は二度目の京都への遷都で、見事な成果を上げた。

京都が都になったことで、日本列島の人々のアイデンティティーが形成されていった。そのアイデンティティーは、日本が国家として統一していくインフラとなった。

4 平清盛と神戸への遷都

権威と権力

21世紀の現在、日本には天皇制が存在している。世界史の中でこれほど長く、最高権威の天皇という制度が存続しているのは日本だけである。

なぜ、日本でこの制度が存続したのか？

この問に答えるのは極めて難しい。しかし、私の専門の下部構造（インフラ）から語ることはできる。

日本の天皇制の特長の1つが、権力から距離をおき権威の座にいたことだ。権威と権力の分離は、源頼朝が鎌倉幕府を開府して以降といってよい。それは、室町、安土桃山そして江戸時代と、約700年間に渡って社会の運営権、つまり権力は武士が担った。武士同士の権力闘争は激しく繰り返されたが、権力から離れていた権威は基本的には揺るがなかった。

明治近代になり、日本は幕藩封建社会から国民国家への変身を成し遂げた。国民国家となってからは、社会運営の権力は国民による国会であり、天皇は権威に留まっている。

「なぜ、日本で天皇制が存続したのか？」の問を「なぜ、日本では権威と権力が分離したのか？」とすると少し分かりやすくなってくる。下部構造の視点からでもそれは視野に入ってくる。

権威と権力を分けたのは、源頼朝であった。

その権威と権力の分離のヒントは、源頼朝の直前の平清盛にあった。それはインフラに深く関係していた。

これに気が付いたきっかけは、熊野古道であった。

熊野古道の建設の執念

熊野古道は２００４年に世界遺産に登録された。世界遺産になる数年前、休日を利用して熊野古道を訪ねた。

人影の少ない熊野古道を2時間ほど歩いた。驚かされたのは、この古道の存在感であった。熊野古道は有無を言わさない存在感を私に押しつけてきた。

熊野古道は、けもの道のような山道ではない。強度の強い石がびっしりと敷き詰められている。左右の山の法面（のりめん）は、崩壊しないように安全な角度に処理されている。谷側には、足を滑らさないように路肩が確保されている。

紀伊半島は日本でも最も降雨量が多い山岳地帯だ。しかし、この古道は千年以上の暴風雨、大地震にびくともしていない。

この千年以上もびくともしない道を建設した人々の執念はただ事ではない。熊野古道への強い思いが伝わってくる。（写真4-1）が熊野古道の石畳の階段である。

平安時代、貴族も僧侶も武士も庶民も、そして男も女もこの熊野古道に向かった。それも1回だけではなく、何度も何度も繰り返し向かった。多くの人々が蟻のように数珠つなぎの列で詣でを行ったので「蟻の熊野詣」とよばれた。

この古道を行く人々は、皆、徒歩であった。高貴な公家も輿（こし）から降りて歩いた。20日から30日間、険しい熊野の山々を自分の足で進む旅であった。

どの本を読んでも、この熊野詣は平安時代の人々の仏教の浄土思想によるものとある。

写真4-1　熊野古道

熊野三山の神社は、身分や性別を超えてすべての人々を受け入れた。人々は極楽浄土を願い、聖地「熊野」までの厳しい参道の熊野古道を歩き続けた。この歩くこと自体が、聖域へ通じるための「行」であった、とある。

今の日本人と同じ民族とは思えないほどの信心深さを感じる。それほど、当時の日本人は信仰心が深かったのか？　なぜ、これほど熊野詣にこだわったのか？

熊野古道を訪れた後、この熊野古道と平清盛の関連を知った。平治の乱で源義朝らが反乱の挙兵をしたのは、平清盛が熊野詣へ行った留守を狙ったという。確かに平清盛は熊野詣に何度も行ったのは事実のようだ。

武士の棟梁、身体を武器として戦うアスリートの平清盛が、熊野詣を繰り返していた。このことを知ったとき、熊野古道と京都の祇園祭りが結びついた。

平安京は地獄の様相

７９４年、桓武天皇は京都に新しい都を建設した。この平安京は唐の長安を模した東西４・５㎞、南北５・２㎞の人工都市であった。この都には貴族や政権主宰関係者の人々だけが住んでいたのではない。流民と呼ばれる人々が数多く流れ込んでいた。

この平安京の人口は、15万人とも20万人ともいわれている。この人口密度を計算すると7000人／㎢となる。現在の大阪平野の人口密度は約6800人／㎢である。平安京は超過密都市であった。

この平安京に水道インフラはなかった。排泄物を処理する下水処理システムもなかった。遺体を埋葬する設備もなかった。

インフラがない超過密都市の平安京がどうなるか。それは簡単に想像できる。遷都して100年もたったころには、京都は極めて不潔で悲惨な状況となっていた。

鴨長明の「方丈記」には、京で疫病や飢餓で4万人以上の死者が出たとされている。20万人の都市で4万人の死者とはただ事ではない。天然痘、赤痢、咳病と疫病が都を襲い、鴨川は死体の山となったとも伝わっている。

平安京は地獄の様相を呈していた。

平安京の人々は、この息もできない疫病の都から離れたかった。しかし、京とは重要な情報の中心地である。情報が来ない田舎の土地で生きていくわけにはいかない。

そのため、京に住む人々は一時的に京から離れ、緑の空気と、清浄な水が流れる熊野へ向かった。

平安京の人々の熊野詣は、死後の極楽浄土の祈願の旅であるといわれている。しかし、それ以上に、今、自分が生きている命の健康への旅であった。21世紀の私たちは、これを「山岳森林トレッキング」と呼んでいる。熊野古道の蟻の詣は、平安の人々の森林トレッキングであった

熊野詣は現実の清潔な浄土だからこそ、人々は熊野古道の建設にこだわった。自分自身の命と健康への執念が、1千年の時にも耐える見事な熊野古道を誕生させた。

世界の世界遺産をみると、地球から与えられた大自然か、当時の権力者の遺跡がほとんどである。しかし、この熊野古道は、性別、身分の分け隔てのない人々の命と健康のための世界遺産であった。

熊野古道を歩いたときに感じた圧倒的な存在感は、1千年前の日本人が懸命に健康と英気をとり戻していく息遣いであった。

このことに気が付くと、その後の平清盛の行動の見方が異なっていく。

■神戸の地形

1160年、平家の頭領だった平清盛は平治の乱においても勝利者となり、武士では初

めて太政大臣に任ぜられた。太政大臣は今でいう内閣総理大臣に匹敵する。権勢を誇った平清盛は、京都からの遷都を狙った。遷都の先は、今の神戸である。港を見下ろす中央区から兵庫区北部にあたる山麓に都を建設した。福原京であった。

清盛の京都から神戸へのこの遷都には、重要な狙いが込められていた。京都からの脱出である。

都になって約250年たった京都は、不衛生で不潔の極致にあった。京都の地形は南に大きく開けていたため、流人の浸入を止められなかった。

京の周辺の木々は伐採しつくされ、京はスラム化し、排泄物が放置され、疫病が蔓延していた。

熊野詣を繰り返していた平清盛は、京都からの脱出に思い至った。

清盛にとって、神戸の地形は魅力的だった。神戸の前面には海が展開している。背後には山々が連なっている。街道は東西の山陽道だけで、土地は狭く細長い。

この神戸の山麓に都を造れば、街道の東西を固めるだけで流人の流入は防げる。

さらに、神戸には自然の重力と海の恩恵があった。

図4-1　神戸の福原京 予想図(兵庫県埋蔵文化財センター)

福原京推定復元図(山田邦和案をもとに作成)

重力と海の恩恵とは神戸の地形であった。斜面の神戸地形は、人々の排泄物を自然流下で海に流してくれた。京都のように汚物が都の中で滞留することはない。そして、神戸の海はその汚物を貴重な資源に変えてくれた。365日24時間脈動している波は、汚物をプランクトンの栄養源に変え、そのプランクトンは豊饒な魚介類を育んだ。人間と生態系が見事に循環連携したシステムが形成された。

さらに、神戸には大河川はない。良港の条件は、大きな川がなく、干潟で船が座礁しないことである。この神戸を拠点にすれば、瀬戸内海を制覇でき、海運で西日本と東日本全体を制覇できる。

平清盛の建設した福原京は、流人が入らない都、清潔で魚介類が豊富な都、海を制覇できる都であった。

▒一瞬の権力者の都

1180年、安徳天皇、高倉上皇そして後白河上皇が、京都から福原へ行幸した。都が福原に遷都したかに思われた。しかし、その同じ1180年、東日本で源氏が決起した。そのため、天皇、上皇らは京都へ戻ってしまった。

1181年、源平の戦いの中で、清盛は熱病で逝ってしまった。福原京の建物は源氏によってすべて焼き尽くされ、跡かたなく消えてしまった。歴史から福原京は忘れ去られてしまった。

しかし、この福原京は重要な意味を秘めていた。武士の平清盛による都であったことだ。

これ以降、本格的な武士の社会になっていく。それ以降の権力者の武士たちも、拠点を京都に置かなかった。無意識に平清盛を模倣しているようだった。源頼朝は鎌倉に、織田信長は安土に、豊臣秀吉は大坂に、徳川家康は江戸とした。武士たちは空間的に、権威と距離を置いていった。

権威と権力の地形的、空間的な分離が、精神と制度上での権威と権力の分離へつながっていった。世界でも例がない権威と権力の分離は、両者が空間的に離れていったところから始まった。

この離れていった最初の動機は、京都の過酷な衛生状態という下部構造が影響していた。

5 なぜ、頼朝は辺境の地・鎌倉に？

１１８０年、源頼朝は関東の勢力を集め、平家に対して決起した。１１８５年、壇ノ浦の戦いで平家は滅びた。１１９２年、征夷大将軍に任命された源頼朝は、辺境の地であり防御に固い鎌倉に閉じこもってしまった。

鉄壁の防御、鎌倉

歴史家たちは頼朝が鎌倉を本拠地にした理由を「平家の勢力が隠然と各地に残存していたから、鎌倉で守りを固めた」や「頼朝は朝廷との癒着を嫌い、朝臣たちの手練手管に陥らないよう京都から離れた」としている。

しかし、平家はまちがいなく壇ノ浦で壊滅していた。源氏は圧倒的な強者であり、平家

図5-1　鎌倉の鳥瞰図

に対して鎌倉で守りを固める必要はなかった。

朝廷との癒着を嫌った、というのも不自然である。頼朝は単に京都から離れたのではない。箱根を越えてしまったのだ。当時の京都からみれば、箱根の山々は日本文明の東のドン詰まりであった。頼朝はその箱根を超えてさらに東の鎌倉に構えてしまった。

なぜ、箱根まで超えてしまったのか?

なぜ、文明の辺境の鎌倉に構えのか?

確かに、鎌倉は第一級の防御都市であった。背後の山々の常緑樹は一年中濃く、その密集した森は人々の侵入を阻んでいる。狭く険しい切通しを防備するだけで外部からの進入を防ぐことができた。（図5−1）は、現在の鎌倉の鳥観図である。

鎌倉の前面に展開する由比ヶ浜も鉄壁の防御装置であった。由比ヶ浜は夏には家族連れでにぎわう遠浅の海岸である。遠浅の砂浜は船団の急襲を防ぐことができる。船団が進入しても、水深が1mにもなれば船は砂浜で座礁してしまう。船から兵士が海に飛び込み、陸へ向えば弓矢で射抜き放題にされる。上陸する前に全滅するか、上陸してもずぶ濡れで刀を抜いて戦うどころではない。

辺境の地の鎌倉、鉄壁の防御都市の鎌倉、その鎌倉を頼朝は本拠地とした。

頼朝は徹底的に京都から離れ、かたくなに鎌倉に閉じこもった。

なぜ、頼朝はこの鎌倉に閉じこもったのか？　頼朝は何を恐れたのか？

この謎を解く鍵は、頼朝の青春時代にあった。

湘南ボーイ、頼朝

1159年、平治の乱で頼朝の父、源義朝は平清盛に敗北した。長男の頼朝は伊豆へ配流となった。配流となった土地は、伊豆の「蛭（ひる）ヶ小島」であった。

こう聞けば、頼朝が流されたのは伊豆の海の島だと思ってしまう。ところが「蛭ヶ小島」は、伊豆半島の狩野川の中流に位置する韮山町（現在は伊豆の国市）にある。蛭ヶ小島は決して海の中に浮かぶ島ではない。伊豆半島の中央にあった。

頼朝は14歳から34歳までの20年間、この伊豆半島で過ごした。この伊豆の山々を越えれば、平家の眼が届かない相模湾、東京湾が広がっている。

青春の真ん中の20年間、頼朝は三浦半島や房総半島で囲まれた相模湾で育っていった。肌は真っ黒に日焼けして、新鮮な海の幸、山の幸を食し、三浦半島の三浦氏や房総半島の千葉氏と酒を飲み交わした。そして、温泉に浸かり、恋愛をくりかえしていた。

頼朝は典型的な健康志向の湘南ボーイであった。その湘南ボーイが天下を取った。この湘南ボーイが嫌悪し、避けたかったモノがあった。それは劣悪で不衛生な都であった。アスリートの平清盛が不潔な京都を嫌ったように、頼朝も不潔な京都を嫌った。

征夷大将軍に任命された頼朝は、劣悪な環境の京都に背を向け鎌倉に閉じこもった。平清盛が京都から兵庫の福原京へ遷都しようとしたと同じように。

荒廃の京

さかのぼること400年前の794年、桓武天皇は京都に遷都した。東西4・5km、南北５・２㎞の都には公家、僧侶、武士、商人、職人、農民が住んでいた。しかし、それ以上にこの都には数知れない流人がいた。

世界中の都という都には共通した現象がある。それは、都には流人が入り込んでくることである。都に行けばどうにかなる、と人々が止めどもなく流れ込んでくる。

平安京の人口は少なくとも約20万人はいた。20万人が生きていくためには年間最低２００万本の立木の伐採が必要となる。２００本ではない２００万本である。桓武天皇が平安京へ遷都してから源氏が政権を握るまでに４００年が経ていた。その間、京の周辺の木々は伐採しつくされ、京都周辺の山々は荒れ放題となっていた。

京はスラム化し、疫病が毎年のように蔓延した。鴨長明の「方丈記」でも疫病で４万２千人の死者がでて、鴨川は死体の山であったと記されている。

京は死臭溢れる都市となっていた。

▒東日本へ行く要の地

湘南で青春時代を過ごした頼朝にとって、京は息もできない不潔な都であった。頼朝がそのような京に我慢できるわけがない。京に居るどころではない。京に背を向け、箱根を越え、防御の鉄壁の鎌倉に閉じこもってしまった。

頼朝は平家の残党を恐れたのではない。頼朝は流人を恐れた。流人が溢れ、スラム化する都市を恐れた。その流人を防ぐため鉄壁の鎌倉が必要であった。

鎌倉の山々は清浄な水と燃料と山の幸を与えてくれた。鎌倉の地形は全体的に海に向かって緩やかな斜面となっている。人々の排泄した汚物は自然流下で相模湾に流れ出た。その汚物は豊かなプランクトンを育み、プランクトンは貝や小魚の餌となり、小魚は大きな魚の餌となり、海は魚介類の宝庫となっていった。

鎌倉は人口膨張を許さない、閉ざされた清浄な都となった。

しかし、鎌倉は辺境の地である。鎌倉は今のＪＲ東日本の東海道本線の上にはない。東海道本線の大船駅から分岐する盲腸の横須賀線の終点にある（図5-2）。横須賀線は東海道本線から外れる盲腸線であり、鎌倉はここにある。

権力者が頑丈な城に閉じこもることはあったが、交流の軸から外れた辺境の地に構えたなど聞いたことがない。権力は情報を持たなければならない。権力は決して情報の交流軸から外れたりしない。

実は、鎌倉は辺境の地ではなかった。頼朝が選んだ鎌倉は、東日本へ行く要の土地であ

図5-2　盲腸の横須賀線

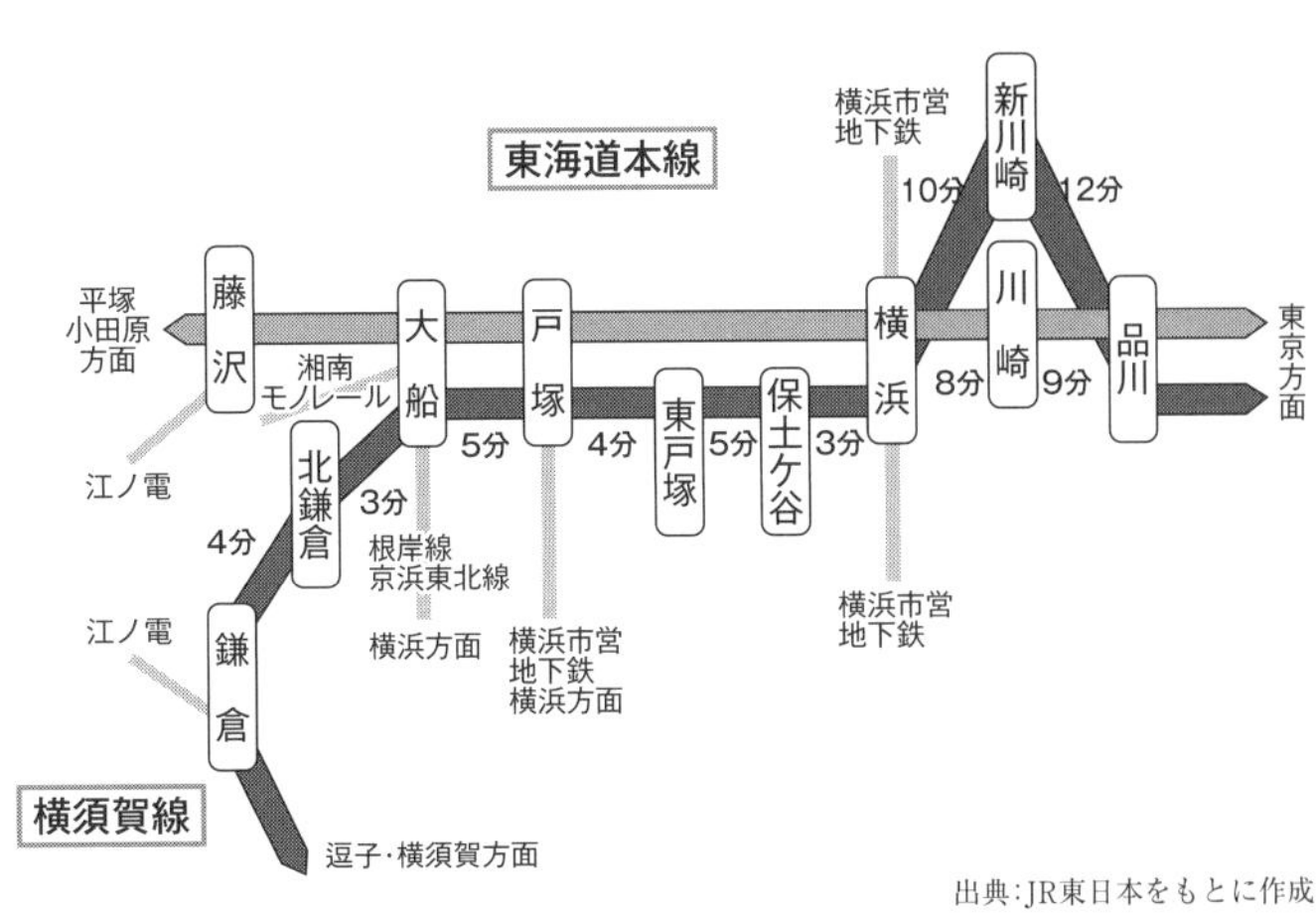

出典：JR東日本をもとに作成

った。平清盛の神戸・福原京が西日本への要の土地であったことと酷似していた。

歴史は地形と気象の舞台の上で演じられる。この舞台を忘れ、舞台上で踊る人間模様に目を奪われていると、歴史の本質は見えなくなる。ただし、地形を考える時に大切なことは、21世紀現在の地形ではない。歴史が繰り広げられていた当時の地形が大切である。

日本史上、日本列島で最も劇的に変化した地形は関東平野である。関東の大改編は、1590年以降の徳川家康と徳川幕府が行った。関東の歴史は、その大改編される以前の地形に戻らなければならない。

頼朝の時代、江戸湾には多摩川、荒川のほかに利根川と渡良瀬川が流れ込んでいた。それら河川の下流部の関東平野は、真水と海水が入り混じる見渡す限りのアシ、ヨシの不毛な湿地帯であった。

江戸以前の関東は大湿地だった。そのことを意識しなければ、日本史の本質が見えなくなってしまう。関東が大湿地帯であったこと知ると、日本史のいくつかの謎が自然と解けていく。

■関東の大湿地帯

（図5－3）は、利根川、渡良瀬川、荒川そして多摩川が江戸湾に流れ込み、関東平野は大湿地帯であり、昔の古道は江戸を避けていたことを示している。

日本列島を歩き回っていた人々は、関東に広がるアシ、ヨシの大湿地帯を避けて通っていった。関東を通り西日本から東日本に行くルートは主に4つあった。

中山道（東山道）の長野から群馬へ出て、桐生、足利そして栃木を経由して東北に向かうルート。

甲府盆地から相模川を下って平塚に出て、藤沢、鎌倉を通り三浦半島の横須賀から船で、房総半島に渡り茨城、東北へ向かうルート。

図5-3　鎌倉時代の主たる街道

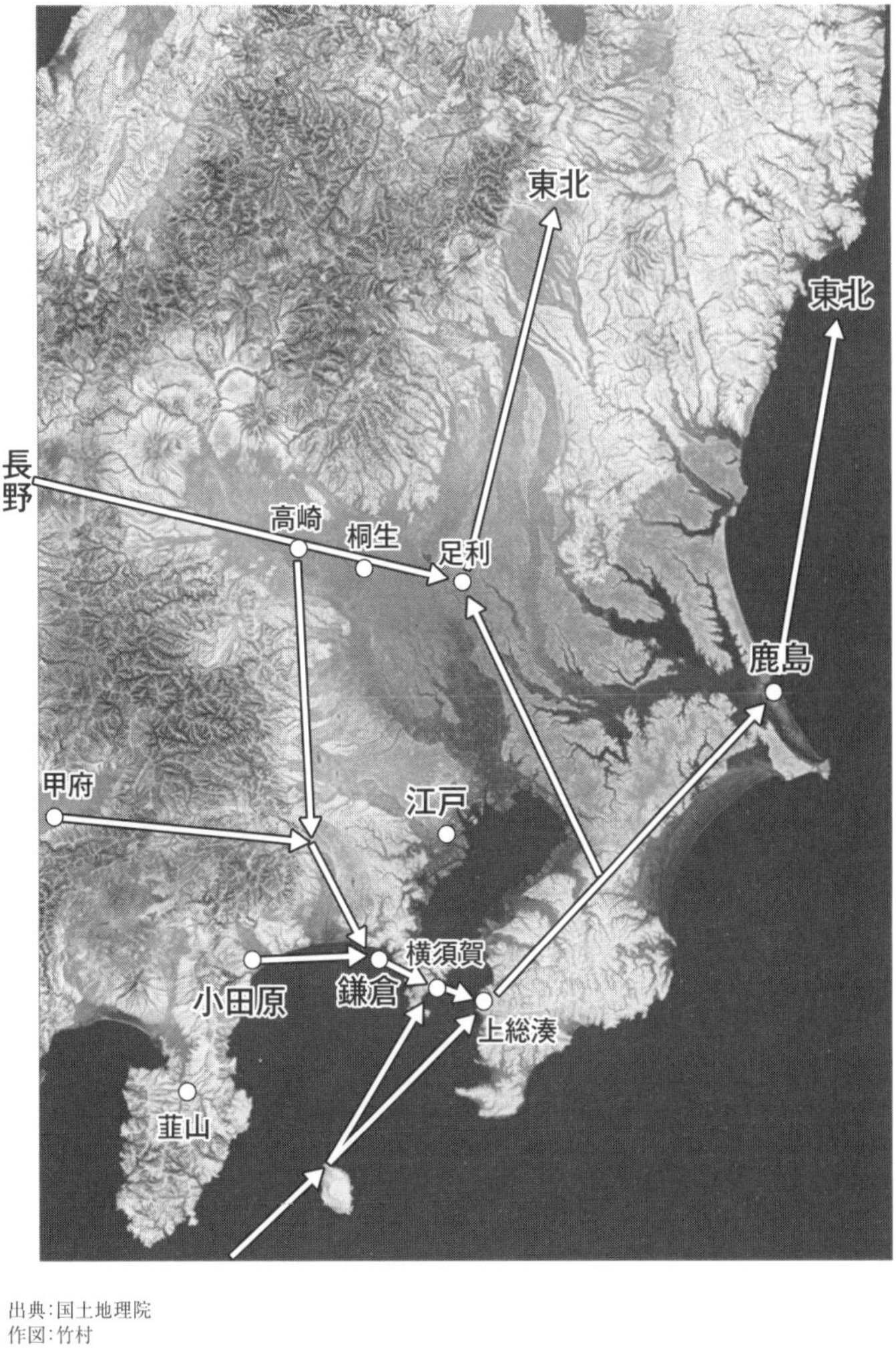

出典：国土地理院
作図：竹村

箱根を越えて小田原に出て、藤沢、鎌倉、横須賀そして房総半島から東北へ向かうルート。

さらに、西から太平洋を航海してきた船が、相模湾を越えて三浦半島でいったん停泊し、房総半島へ渡っていくルート。

どのルートも、やっかいな関東の大湿地帯を避けていた。そして、南関東の街道は、すべて三浦半島の根元にある鎌倉を通っていた。

■東日本を抑えた三浦半島

三浦半島と鎌倉は日本列島の盲腸ではなかった。ここは東日本へ行く陸と海の関所であり、要の土地であった。

三浦半島には大きな河川がない。そのため、河川から流出する土砂堆積や干潟はない。航海してきた船は、安心してこの三浦半島に近寄れ、上陸できた。

太平洋に張り出している三浦半島全体が、日本列島の大きな港の機能を持っていた。

頼朝の700年後の幕末、太平洋を渡ってきた黒船が、三浦半島の浦賀沖に来航し、久里浜に上陸した。そして、明治の文明開化、西欧文明の窓口の港は、三浦半島の根っこにある横浜となった。

さらに、21世紀の今、横須賀には自衛隊艦隊の横須賀地方総監部があり、米国海軍第7艦隊の基地であり、東アジア及び日本首都圏の重要な防衛拠点となっている。

頼朝が三浦半島を抑える鎌倉を拠点にした先見性は、何と1千年近く今でも続いている。

筆者の中学、高校はこの横須賀港の入口の田浦にあった。授業中、教室の窓から横須賀港を出入りする艦隊や潜水艦を見て過ごした。半世紀以上の年月を経て、やっと、この三浦半島の歴史的重要性を整理することができた。

6 モンゴル軍を破った福岡の地形

中国での国際会議が終わっての帰路、北京空港で時間があった。空港の本屋を歩いていると『絵画中華文明史』という本が目についた。石器時代から現在までの中国文明史の子供向け絵本であった。中国語が分からなくても十分面白かった。

その中の一枚で手が止まった。13～14世紀のモンゴル、ジンギスカンの進軍の絵であった。（図6－1）がその絵であった。

本を購入して搭乗口へ向かった。飛行機の中で何度もその絵を見詰めた。私の仮説は間違ってはいなかった。

図6-1　縦横亞歐　天驕絶代（英雄ジンギスカンのモンゴル統一）

『絵画中華文明史』より（著者：馮天瑜、絵画：邵学海、1995.12）

■車の空白

紀元前、ローマ帝国はアッピア街道という壮大な道路インフラを整備し、4頭立ての牛車や馬車を乗りこなし、街道を疾走していた。

その後、ユーラシア大陸の文明の発展は牛馬の車が疾走する街道に支えられた。各地の都市は街道ネットワーク上にあり、都市と都市を結ぶ街道で車の人々と物資が行きかった。19世紀に蒸気機関が登場するまで、交流を支えた車の動力は牛と馬であった。

車はどんどん改良された。スプリングが発明され、サスペンションも改良され、幌も付け、椅子も座り心地が良くなった。

20世紀に開始された西欧の車文明は、数千年の時間をかけて準備されていた。それに対し、日本は車を進化させなかった。なぜ、日本人は車文明を構築しなかったのか？

その疑問に対して、梅棹忠夫先生の言葉「日本人は家畜を去勢しなかった」を借りて、私は仮説を立ててある雑誌に発表した。

■牛馬を家族にした日本人

弥生時代以降、ユーラシア大陸からさまざまな文明の産物が海を渡って日本に入ってきた。車も入ってきて、動力は牛であった。しかし、日本人は車を進化させなかった。原因は牛を制御できなかったからだ。

ユーラシア大陸の民族は、牛や馬に去勢を施した。牛馬を去勢して徹底的に動力として制御した。日本にも去勢技術は入ってきたが、日本人は馬や牛に去勢を施さなかった。日本人は牛や馬に名前を与え、家族と一緒に住むようにした。家族になれば去勢など施せない。

図6-2　暴れ牛

出典:『年中行事絵巻』日本の絵巻8（中央公論社）

ところが、去勢しない牛が引く車は、人ごみの中では危険極まりない。発情期の牛はちょっとした刺激で暴れだしてしまう。平安絵巻を見ると、牛車（ぎっしゃ）が暴走している場面が何度も何度も描かれている。（図6―2）は、平安時代、往来で暴れている牛車である。平安絵巻には、たった一頭の牛を6人の車副（くるまぞえ）がどうにか制御している絵もある。

日本人は牛や馬を動力として制御することに失敗した。動力のない車は日本社会で進化しなかった。

牛馬を家族にした日本人の心が、日本で車文明を進化させなかった原因であった。これが私の仮説であった。

この仮説には不安な点が1つあった。

日本国内の牛車については、できるかぎり調べた。しかし、ユーラシア大陸の民族と牛馬との関係は、わずかな伝聞と知識で「彼らは牛馬を去勢し、完全に制御して車の動力とした」と断定していたことである。

北京空港で見たモンゴル軍の進軍の絵は迫力がある。横一列に11頭の牛が並び、前後2列、合計22頭の牛の群れがジンギスカンのパオを引いている。驚くことに、牛群を制御しているのは、鞭を持つ2名の御者だけであった。

日本人にとっては想像もできない光景である。大陸の民族と日本人とでは、牛馬への姿勢が異なっていた。彼らは牛馬を徹底的に制御し、牛馬の完全な制御が車を進化させ、街道を延伸させていった。私の仮説は間違っていなかった。

それはそれとして、この絵のモンゴル軍の進撃は凄まじい。

大陸の暴力

ユーラシア大陸の北で飢えが広がると、騎馬民族は一気に南下していった。騎馬軍団がこの絵のような迫力で攻め込めば、誰も逃げられない。すべてが焼き払われ、虐殺と強奪が行われた。

北方騎馬民族に侵略される漢民族の恐怖が痛いほど理解できる。壮大な万里の長城を建造した漢民族の原動力は、この騎馬民族への恐怖だった。

ユーラシア大陸では暴力による侵略が繰り返された。しかし、日本は一度も侵略されることはなかった。

日本が侵略されなかった理由は、はっきりしている。極東の海に浮かぶ島だったからだ。日本列島はユーラシア大陸から一番近い対馬海峡でも200㎞はある。さらに、その対馬海峡には早い海流が流れ、容易に大陸から大軍隊を送ることはできない。

13世紀、モンゴル軍を紙一重のところで防いだのは、この海峡のおかげであった。歴史の教科書にそう書いてある。

しかし、それは表面的であった。モンゴル軍の進軍の絵を見ていると、別の物語が生まれてくる。

進軍できないモンゴル軍

文永の役、弘安の役で来襲したモンゴル軍は、昼間は上陸して戦った。しかし、夜になると船に帰り、船上で寝泊りしていた。そのため、嵐が襲ってきたとき、船もろとも兵士たちは海の藻屑となった。これが致命傷になり、モンゴル軍は敗退することとなった。

『逆・日本史』の歴史家の故・樋口清之先生はその理由を「やぶ蚊」としている。つまり、乾燥したユーラシア大陸奥地にやぶ蚊はいない。モンゴル軍にとって日本のやぶ蚊は初めての経験で、それに耐えられず船上で寝泊りしていた。勇猛なモンゴル軍がやぶ蚊に弱かった、という樋口先生らしいユーモア溢れる解釈である。

しかし、モンゴル軍の進軍の絵を見ていると、モンゴル軍が勝てなかった理由が見えてくる。

モンゴル軍の強さは騎馬軍団にある。モンゴル軍は、日本では騎馬という武器を使用できなかった。騎馬軍団が活躍できるのは、縦横無尽に走り回る広い大地があっての話だ。日本のどこに騎馬軍団が疾走する大地があったか。日本にはそのような乾いた広い大地はなかった。

日本の海岸線にはぬかるんだ「泥の土地」が広がっていた。泥地の奥の陸地にはうっそうと常緑樹が茂る山々が展開していた。

■福岡の泥地と丘や山

日本列島の平らな土地は、どこもかつては海か湖であった。

図6-3　福岡市の地形

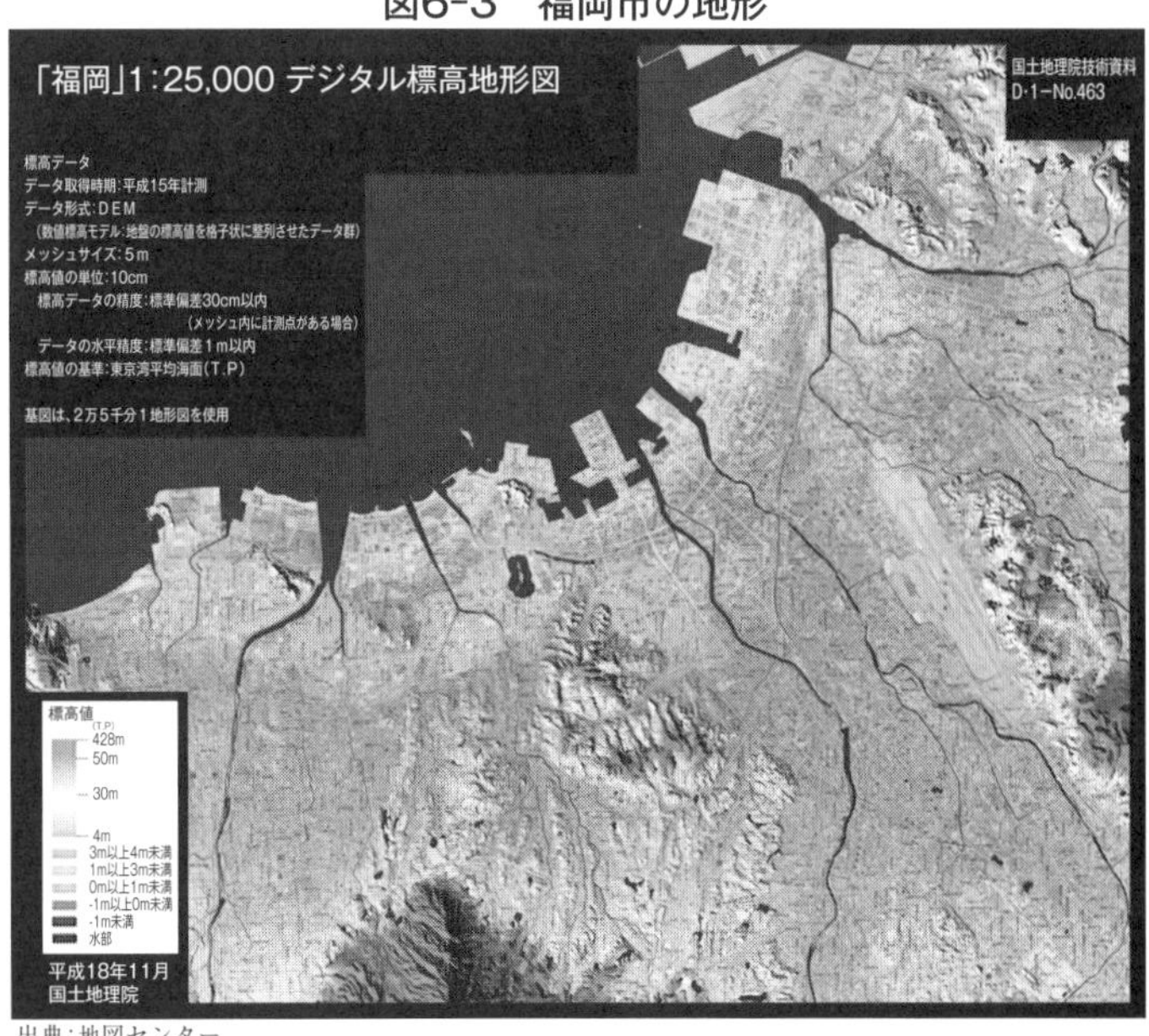

出典：地図センター

日本列島の山々は脆く、雨が降れば川に土砂が流出していく。その土砂が堆積した沖積平野は水はけが悪い。少しでも雨が降れば、ぬかるんだ泥の土地であった。

モンゴル軍が攻め込んできた福岡も典型的な水はけの悪い湿地帯であった。（図6―3）が福岡の地形図である。東西の海岸線は泥地で囲まれている。

獰猛なモンゴル軍はこの泥にはまり、泥亀のようになってしまった。さらに、泥地の奥の丘や山には、常緑樹の緑がびっしりと茂っていた。草原と土漠が延々と続くモンゴルでは経験したことのない緑であった。その鬱蒼と茂った木々の緑が、モンゴル軍の動きを阻んだ。

日本の武士たちは丘の陰から不意を突き、緑の藪の中から突然襲った。そして、武士たちは泥のあぜ道を蟻のようにすばしっこく走り回った。牛と馬の動力を奪われたモンゴル軍は、船上に寝泊りせざるを得なかった。その海上で嵐を迎えたモンゴル軍の船団は衝突を繰り返して全滅してしまった。

これが、地形から見たモンゴル敗退の物語であった。実は、この地形からの物語には人間の物語を付け加えなければならない。

13世紀のベトナムとモンゴル戦

13世紀、モンゴルはユーラシア大陸で膨張し続け、人類史上最大の帝国を築き上げた。

1250年代、中国を制覇したモンゴルは地続きのベトナムへ攻撃をしかけていた。日本がモンゴルに攻め込まれていた1274年の文永の役、1281年の弘安の役のころ、ベトナムではモンゴルとの第2次戦争が展開されていた。ベトナム人はモンゴル軍に対して果敢なゲリラ戦で戦い、第1次戦争に続いてモンゴル軍を撤退させた。

ベトナムが決定的な勝利をしたのが、第3次戦争の1288年のバックダン川河口の白藤江の戦いであった。

モンゴル軍は陸の補給として巨大船団をバックダン川へ投入した。ベトナムの英雄、指揮官の陳興道は、干潮時に浅くなる河口一帯に木杭を何本も打ち込んだ。そして、満潮時にモンゴルの巨大船団を湾内に誘い込んだ。

満潮時には水深があったが、干潮時にはその木杭に阻まれモンゴル船団は立ち往生してしまった。そこを狙ってベトナム軍はゲリラ戦を仕掛け、巨大船団に火を放ち、完膚なきまでに叩きのめした。

この戦いはベトナム人が胸を張って誇る大戦史である。ベトナムの博物館でも誇らしげに絵画や木杭の一部が展示されている。

この戦史で1つ腑に落ちない点がある。

それは、満潮時に大船団を引き込み、干潮時に大船団を動かせなくする点であった。それほど都合よく大船団を誘導できるか、という疑問である。しかし、この謎は日本の元寇の経過と合わせると解けてくる。

海を自由に行き来する海の民たちの存在である。

った。

日本とベトナムとの統一戦線

モンゴルは騎馬軍団でユーラシア大陸を制した。陸の軍団のモンゴルは海には無知であった。

モンゴル軍は日本攻撃とベトナム攻撃に際して、造船や水先案内で海の民を使わざるを得なかった。海の民とは、朝鮮半島、対馬列島の海の民であった。当時の朝鮮半島、対馬列島、九州北部沿岸、沖縄諸島、ベトナム沿岸の海の民に国境などはない。海でつながった同胞であった。

その朝鮮半島、対馬列島の海の民は、モンゴル軍に悲惨な蹂躙を受けていた。海の民たちは、密かにモンゴル軍への復讐を狙っていた。

日本戦線の文永の役で、海の民たちはわざと湿地が展開する福岡へモンゴル軍を導いた。二度目の弘安の役に際しても、福岡沿岸では元寇防塁が築き上げられていたにかかわらず、福岡へモンゴル軍を導いた。それが日本の元寇の戦いであった。

ベトナム戦線では、海の民たちはモンゴル船団を上手に満潮の白藤江に引き入れてしまった。干潮時には船団は身動きを取れず、徹底的にベトナム軍に打ち負かされてしまった。それが白藤江の戦いであった。

モンゴル軍は日本戦線とベトナム戦線の敗北で、日本への第3次攻撃を断念し、ベトナムへの再進攻を断念せざるを得なかった。

13世紀の日本とベトナムは、海の民を介して共同戦線を敷いて、世界史上最強のモンゴル軍にからくも勝利した。

7 「信玄堤」という画期的な治水事業

■戦国時代の奇跡

１４６７年、応仁の乱が起こり、日本は下剋上の戦国時代に突入していった。徳川家康が天下を制するまでの１５０年間、日本列島の国土は乱れに乱れた。何しろ領土の奪い合いである。領土を整備して優良な土地にしても、いつ奪われるか分からない。

ところが、この戦国時代のまっただ中、領土を開発整備した大名がいた。その大名は日本史に残る堤防を築いた。ハードな堤防造りという土木工事のみではなかった。特筆すべきは、工事後の堤防を守るための、共同体によるソフトなシステムを創出した。

さらに、この大名は、水を公平に分かち合う方法を確立した。戦って水を奪うのではなく、話し合いと技術で水を分かち合う。下剋上の戦国の価値観とまったく異なる手法であった。

その戦国大名とは、武田信玄であった。

▒危険な甲府盆地

武田信玄が拠点とした甲府盆地は、かつては大きな湖沼であった。地殻変動の激しい日本列島で大規模な平地などない。日本国内で平らな地形があれば、有史以前の昔、そこは海か湖沼であった。

日本列島の地質は若い。その若くて脆弱な山からは、雨のたびに土石流が流れ出た。濁流は海や湖に突入すると、急速に流速を落とした。流速が落ちると、水で運ばれてきた土砂は次々と沈降していった。その沈降した土砂は、海底や湖底で平らな地形を形成した。何万年、何千年の積み重ねで、河川の河口付近では扇状地や沖積平野が形成され、山間の窪地や湖では平らな盆地が形成されていった。

甲府盆地もその過程でできた。特に、甲府盆地は周辺をアルプスに囲まれている。盆地に流れ込んでくる土砂含みの洪水の勢いはただ事ではなかった。

甲府盆地に住む人々は、この山々からの濁流に悩まされ続けていた。(図7-1)で、

図7-1　関東地方陰影段彩図

提供:国土地理院

図7-2 信玄治水の概要図

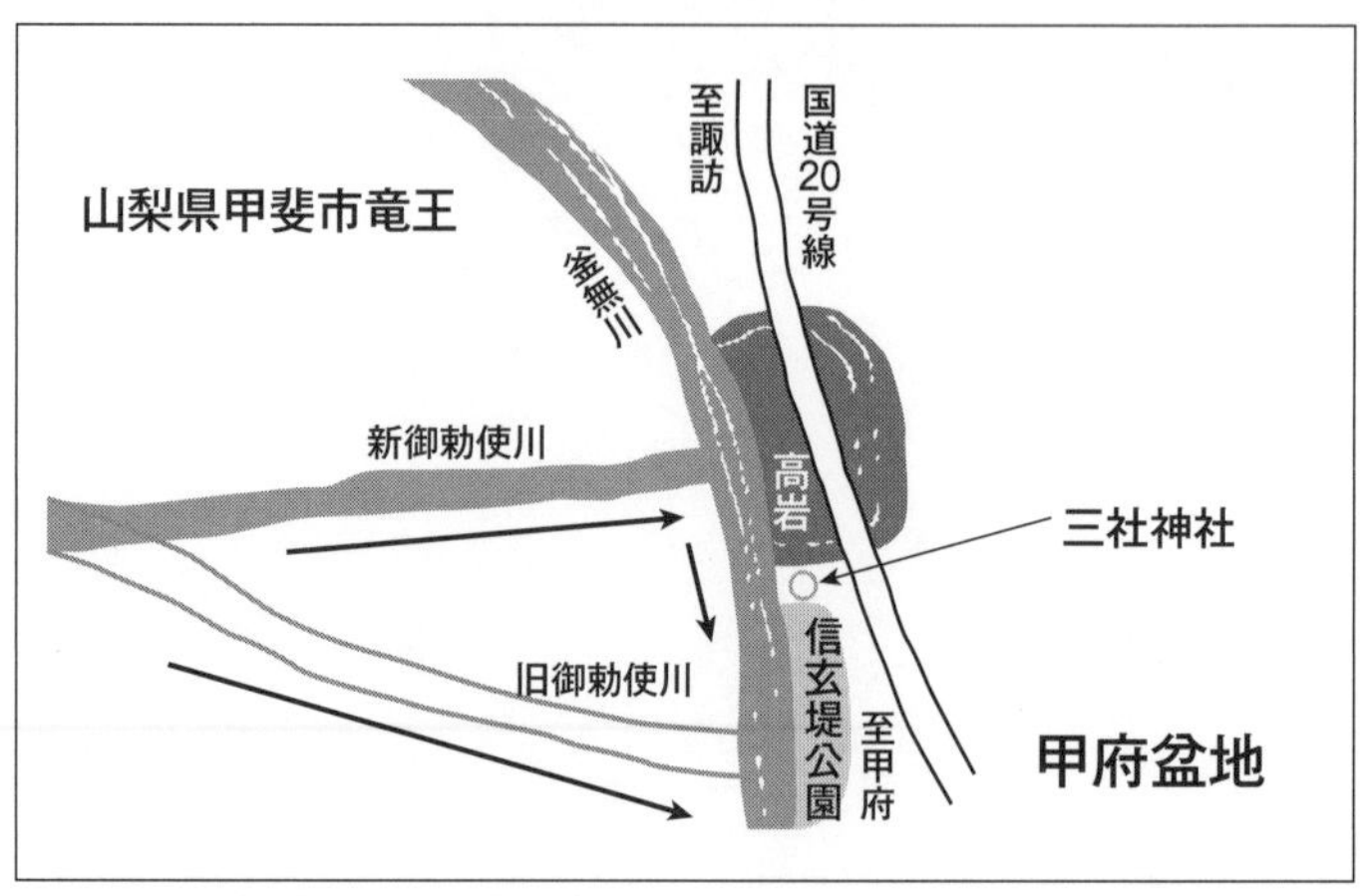

出典:みんなの旅行記「甲斐武田氏の史跡」

山々に囲まれた甲府盆地の地形が鮮やかに示されている。

この甲府盆地で、武田信玄は知恵を使った治水事業を行った。甲府盆地に突っ込んでくる狂暴な河川があった。釜無川に合流する御勅使(みだい)川であった。信玄はこの御勅使川の勢いを弱めることを計画した。

まず、御勅使川を分流する水路を造り、水量を少なくして勢いを減少させた。さらに、分流した川は釜無川の高岩と呼ばれる岩の絶壁にぶつけて勢いを消した。さらに、甲府市街を守る釜無川の左岸堤防の足元に木杭の枠を並べ、濁流が堤防に衝突しないようにした。

信玄堤と呼ばれるこの堤防は土木技術としては有名だが、優れていたのはこの土木技術だけではない。信玄はこの堤防を守るため、ソフトな社会的な仕掛けをした。

三社神社のお祭り

信玄は、この地域の守り神の三社神社を堤の上流端に祀った。そして、近辺の村々の神社から神輿を担いで、三社神社に集まってくる祭りを盛んにした。

各村から集まってくる神輿は、堤の上を三社神社に向かった。ワッショイ、ワッショイと力を込めて、男たちは信玄堤を踏み固めていった。堤防を造るだけでは治水とはいえない。堤防は維持されなければ弱体化してしまう。お祭りで住民が集まり、踏み固めれば堤防は強化された。

実は、この堤防を人々の足で踏み固めるシステムは、古代中国にさかのぼる。約４０００年前、中国の黄河中流で中国最初の王朝が誕生した。皇帝の禹文命（うぶんめい）は治水の神様と呼ばれた。その禹皇帝の言葉に「石をもって堤防を固めなさい。木を堤防に植えなさい。堤防でお祭りをしなさい」という言葉がある。

武田信玄はまさにこの禹皇帝の「お祭りをしなさい」を日本の甲府盆地で実現したのだ。

この「おみゆきさん」と呼ばれる祭りは、21世紀の今でも続いている。神輿を担ぐ男たちの着物は地区ごとに異なっていて、自分たちの共同体を誇示しているようだ。人々はお祭りを楽しみ、その共同体の一員になりきり、楽しみながら、堤防を踏み固めている。

三分の一堰

武田信玄の逸話は治水だけではない。「水の分かち合い」という世界に誇る日本独特の水利用ルールを誕生させた。

稲作は大量の水を必要とした。人々は力を合わせて川の中に堰を造り、村まで水路を造り、水を引き込んでいった。人々は堰や水路の建設を通じて強い共同体意識を醸成していった。

集落の共同体意識は裏返すと、近隣の共同体への対抗意識にもなった。集落が小規模ならば問題は起きない。しかし、集落が大きくなると、限られた水の奪い合いとなってしまう。

水を貯めるダムがない時代、人々は変動する川の水量に頼っていた。1週間も日照りが続けば、川の水は涸れてしまう。干ばつが続けば、上流と下流、左岸と右岸の集落間で水の奪い合いが始まり、血を流す争いが繰り返された。

水の奪い合いは、日本だけのものではない。人類共通のものであった。ライバル（Rival）という言葉は、River から来ている。同じ川岸に住む人々は、仲間ではない。自分たちの集落が生き残るための敵対する競争相手であった。

日照りが続いた時、生き死に関係する水の配分は、当事者間で妥協できる問題ではなかった。激しい水争いが発生していった。

写真7-1　三分一湧水（武田信玄伝説）

出典：農業土木遺産を訪ねて（土地改良建設協会）

この厳しい水争いの中で「三分の一堰」が生まれた。

この堰は3集落で水を均等に分ける堰であった。（写真7-1）がその三分の一堰である。山から流れてくる水源を3集落が使っていた。水が豊かなときには問題がなかったが、少しでも水が涸れると、ここでも水の奪い合いが繰り広げられた。

写真の中央に小さな将棋の駒のようなものがある。この駒で水流を分かれさせて、3つの用水路に均等に流れる仕掛けだ。土木技術としても合理的な設備である。

しかし、それ以上に感嘆すべきは〝水を分かち合う〟という考え方だ。

力の強い集落が水を独占するのではない。

水があるときには、皆が均等に水を享受する。水が少なくなったときには、皆で一緒に干ばつに耐える。世界広しといえども、このように水を分かち合った事例など聞いたことがない。

3集落の関係者を説得して、このような施設を造るにはよほどの説得力が必要となる。この施設は武田信玄の堰と伝わっている。本当に武田信玄かどうかは問題でない。人々を説得して「戦うのではなく分かち合え」と言えたのは、武田信玄しかいなかったのだろう。

武田信玄という名前が、統治力・ガバナンスのシンボルであった。

■21世紀への遺産

武田信玄は人々の力を利用し「堤防を守る」ソフトなシステムを作った。水を奪い合う人々に「水の分かち合い」の考えを確立した。

信玄の思想は甲府に留まらなかった。空間を超えて日本全土に広まっていった。空間だけではない、時間をも超えていった。

江戸幕府の役人たちは、この信玄のやり方を借用して世の中を治めていった。江戸時代、堤防を造った後、そこに人々を集め、堤防を踏み固めるソフトの工夫をした。神社を設置して、堤防の上でお祭りをさせた。桜を植えて堤防の上で花見をさせた。遊郭を誘致して、男たちを堤防の上を歩かせた。

ソフトのシステムだけではなく、水を分け合う技術もさらに洗練され、日本各地で分水施設が造られていった。それらは全国各地で今でも役立っている。群馬にも均等に分ける分流堰がある。この堰は地元では別名「地獄堰」と呼ばれている。この名前から分かるように、分流堰ができる以前、悲惨な水の奪い合いが繰り広げられていたのだろう。

この江戸に伝わった信玄のシステムは、明治から令和への行政にまで伝わっている。地域の人々が協力して堤防を守るという思想は、近代の「水防法」の基礎になった。河川沿いの人々が水を分かち合うという思想は、近代の「河川法」の基礎になった。

世界各地には、大規模な水道遺跡が残されている。それらは、為政者が大量に川から取水し、遠くの都へ導水した権力のシンボルとしての遺産である。

信玄の三分の一用水は規模としては小さい。しかし、人々が「分かち合い」で水を使うこの用水は、十分に世界遺産になる資格を持っている。

8 信長が戦った比叡山と大坂の地形

■上町（うえまち）台地の本願寺

平成9年（1997年）52歳の時、大阪へ転勤となった。関東育ちの私にとって関西は初めてだった。勤務地は上町台地にあり、美しい大阪城が目の前にあった。

季節のよい昼休みには、大阪城公園に散歩に出かけた。その公園で「本願寺跡」という案内板と出会った。これには驚いた。本願寺は京都の東本願寺と西本願寺と思い込んでいたからだ。

調べてみると、確かに戦国時代、本願寺はこの上町台地の先端にあって、信長との戦いの拠点となっていた。

11年間、信長はこの上町台地の本願寺を攻め続けた。当時、最強の信長軍団が11年間も、本願寺の僧侶や信徒たちにてこずっていた。結局、信長は上町台地の本願寺を落せず、朝廷の斡旋で和睦することとなった。

信長からの和睦の条件はただ1つ「本願寺はこの上町台地から出ること」であった。その条件に従って、本願寺は上町台地から撤退し、本願寺戦争は終結した。

この本願寺が上町台地にあったこと。そして、あの信長がこの上町台地の本願寺にてこずったこと。この事実の驚きが、私に地形と歴史を考えるきっかけとなった。

信長は地形と戦い続けていた。

源頼朝が平家を破って以降、武士政権の世となった。北条氏による鎌倉幕府、足利氏による室町幕府と続き、1467年の応仁の乱をきっかけに日本全国で武士たちは領地を奪い合う戦国の世に入っていた。

1560年、日本中に衝撃的なニュースが流れた。足利将軍家を支え、将軍職をも継ぐ実力を誇っていた今川義元が討たれた。それもたった26歳の織田信長という若造に桶狭間の山中で討たれたというのだ。

1562年、その信長は徳川家康と同盟を結び、濃尾、尾張地方をまとめた。

1568年、信長は頼ってきた足利義昭を奉じ上洛した。同年、足利義昭は第15代将軍に就任した。

1570年、信長、家康連合軍は琵琶湖を勢力圏にしていた浅井、朝倉連合軍を姉川の決戦で打ち破り、朝倉軍は越前に逃げ込み、浅井軍は小谷城に逃げ込んだ。

それを見届けると、1571年、信長は直ちに比叡山焼き討ちに向かっていった。僧侶といわず女人、子供までも殺害し、寺院を焼き払ったと伝えられている。寺社の焼き払いの程度の真偽はともかく、信長が比叡山の僧侶たちを壊滅させたことは事実であった。

なぜ、信長は神仏を恐れぬ比叡山延暦寺焼き討ちを行ったのか？

比叡山延暦寺焼き討ちの理由

信長の延暦寺焼き討ちの理由は、さまざま語られている。

延暦寺の僧侶たちが浅井氏に味方したため。信長はキリスト教を庇護しようとしたため。僧侶たちが仏道の戒めを破っていたので懲らしめるため。寺社勢力の商業利益を我がものにするため。古い権力のシンボルを破壊するため。などなどと上部構造の人文社会からの解釈は限りなく広がって行く。

しかし、下部構造から見ると、ぶれは少なく単純となる。下部構造とは地形である。信長は、逢坂と比叡山の地形に怯えていたのだ。

比叡山は京への侵入口の逢坂を見下ろしていた。最強の織田軍団は、この大津から京都へ越えていく逢坂の地形を嫌った。（図8-1）が逢坂と比叡山の位置図である。

峠はどこも狭い。馬1頭、せいぜい2頭が並ぶ程度の幅でしかない。このような峠越えでは、軍の隊列は細長く伸びきる。そのような時、大将隊を横から攻撃して、前後の隊を切り離してしまえば、大軍はまったく役に立たない。孤立した大将隊は簡単に崩壊してしまう。

歴史上、そのことを一番よく知っていたのが、織田信長その人であった。

12年前、少数の信長軍は桶狭間の戦いで、圧倒的な大軍の今川義元を討ち取った。桶狭間の山中で今川隊が伸びきったところを、大将隊のみを狙って襲撃した。

戦国の世を制するには、京に上洛し、朝廷を抑えなければならない。上洛するには、この狭い逢坂の峠を通らなければならない。その逢坂峠では、比叡山の僧兵が山猿のように、俊敏に飛び、駆けめぐり、侵入者を手ぐすね引いて待ち構えていた。

図8-1　京都盆地の地形

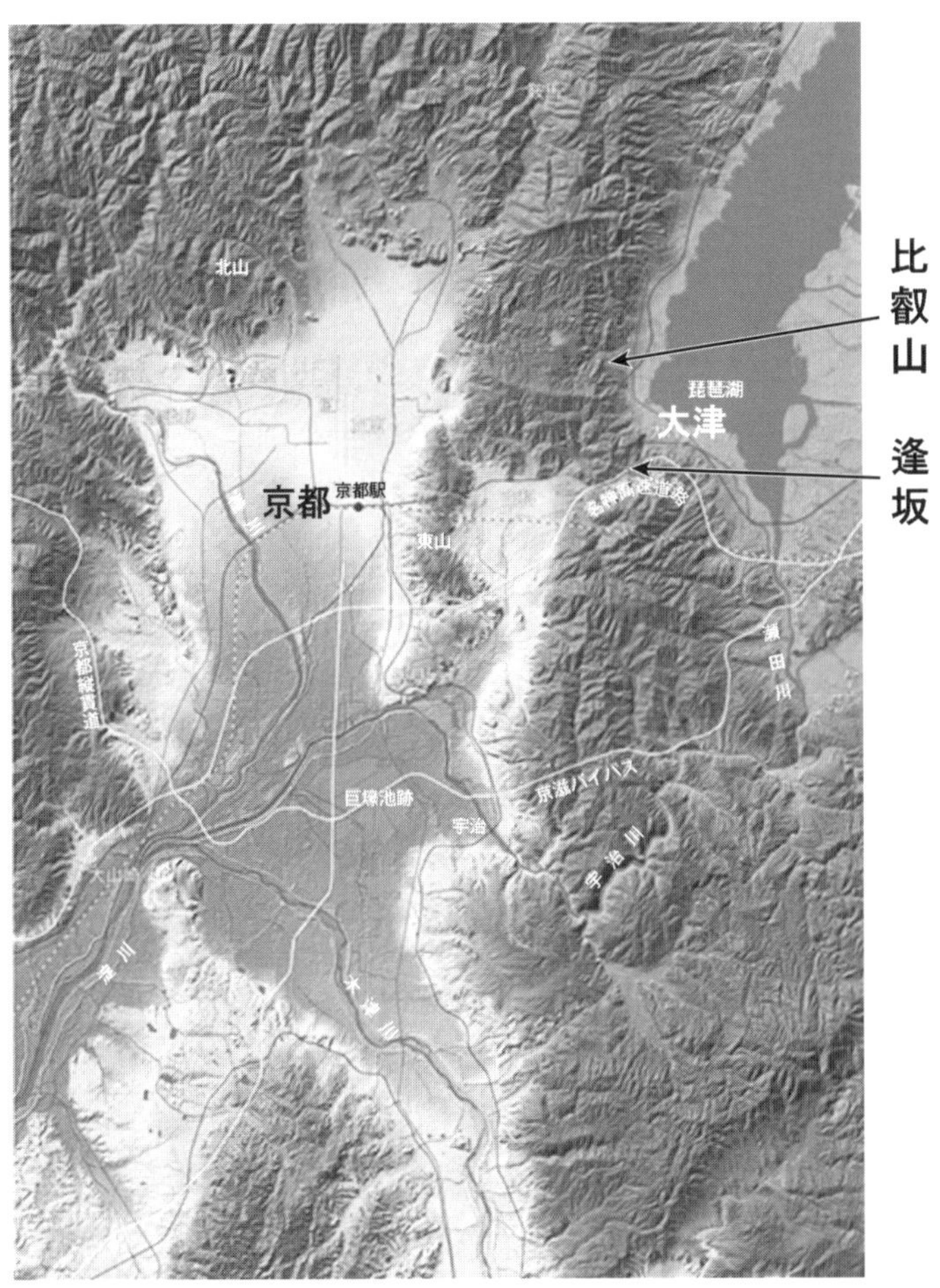

出典:京都の歴史を作ったのは盆地だった(実業之日本社)

た。

■桓武天皇の鬼門

信長がこの逢坂を通過する800年前、この逢坂を怖れた天皇がいた。桓武天皇であった。

西暦784年、桓武天皇は大和盆地の平城京を出て、地形が開けた長岡京へ遷都した。長岡京は宇治川、桂川、木津川3川が合流する巨椋池(おぐらいけ)のほとりであった。舟運の便がよく、稲作に適し、淀川流域の森林にも恵まれていた。

この地形が開けた長岡京には、大きな欠点があった。東北の方角にある逢坂峠であった。畿内より先の東北は、いまだ完全に制圧していない。その東北の人々は「夷」と呼ばれ、桓武天皇はこの夷を恐れた。そのため794年、大伴弟麻呂を征夷大将軍に任じた。役目はその名前の通り「夷を征伐する」大将であった。桓武天皇は夷を征伐する武士軍団を東北の地へ送り込んだ。

さらに、東北から長岡京への侵入口の逢坂峠を恐れた。その逢坂を「鬼門」とした。逢坂を見下す比叡山に延暦寺を創建し、僧侶集団を配置した。それ以降、延暦寺の僧侶たちは武力を備え、東北から京へ侵入する者を監視し、京を守ることとなった。

比叡山焼き討ちの3年前の1568年、信長は足利義昭を奉じて上洛した。足利家は朝廷を支えてきた名門である。足利義昭は比叡山の僧兵に対する人質であり盾であった。その僧兵軍団が見下ろすなか、逢坂峠を越えてどうにか上洛した。その時、信長は逢坂の地形に恐怖した。信長のその恐怖は、今川義元に桶狭間で味わせた死の恐怖であった。

信長が琵琶湖周辺を制した直後、比叡山討ちに向かったのは当然であった。

信長の比叡山焼き討ちの謎は、それほど難しくはない。京への入口の逢坂峠を自由に行き来する。それが目的であった。

比叡山焼き討ちの後、信長は足利義昭を追放して、室町幕府を完全に崩壊させた。比叡山から僧兵は一人残らず消え、もう、義昭を盾に使う必要もなくなっていた。

信長が戦う地形はもう1つあった。大坂の上町台地であった。

▒上町台地と湿地帯

21世紀の現在、大阪のビル群のために上町台地の地形は、人々の目には入りにくい。大

図8-2　デジタル標高地形図（大阪）

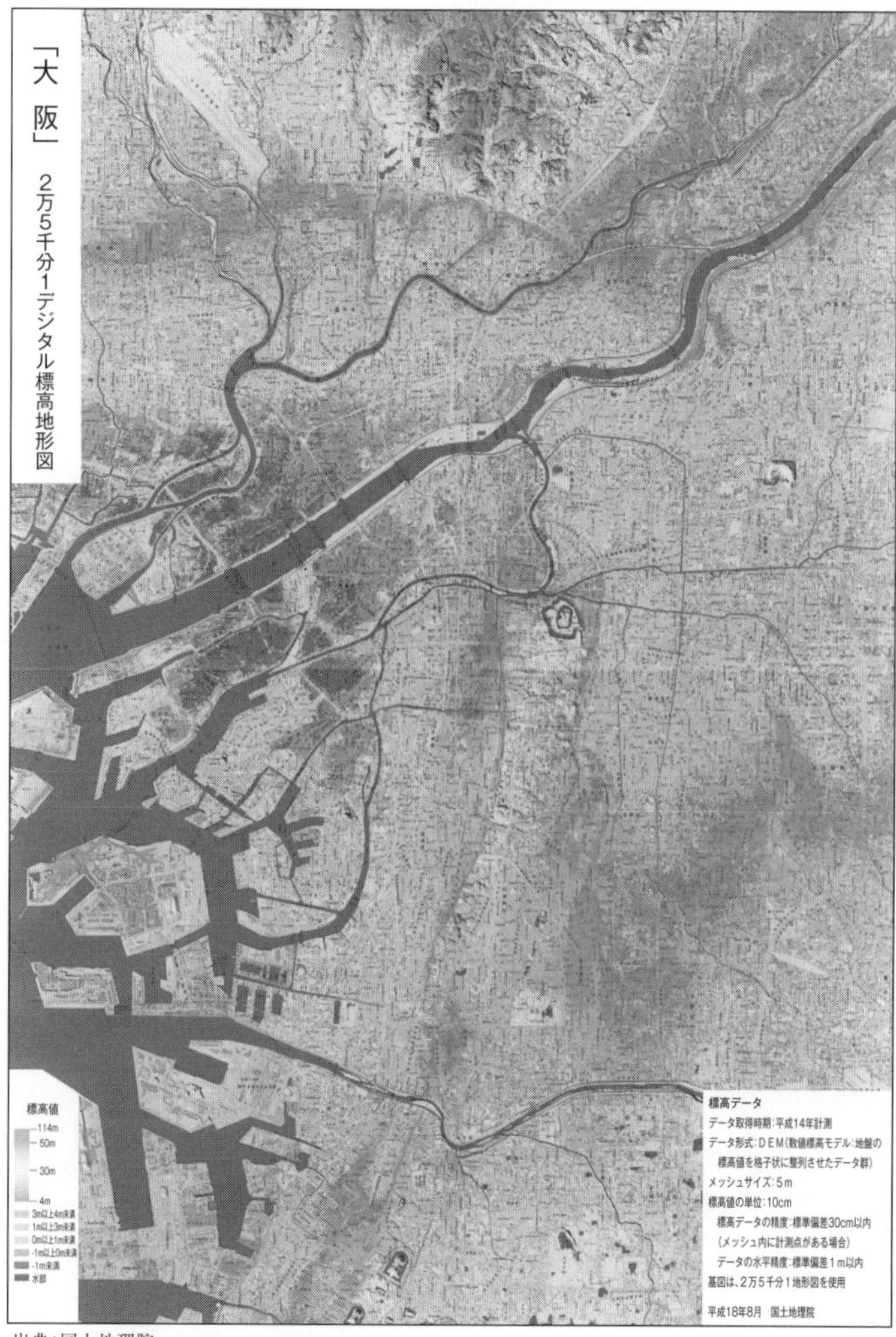

出典：国土地理院

阪の地形を（図8-2）で見ると、上町台地が大阪平野の中に突き出ていることが見事に分かる。

この図で、海面を5m上昇させると、6000年前の縄文海進となる。大阪平野は海の下となり、上町台地だけがポッンと海の上に浮かぶ姿となる。

この地形が、信長が本願寺一党にてこずった理由であった。

上町台地は、地形上、難攻不落の土地であった。

中世から近世にかけ、日本の沖積平野はどこも不毛の地であった。何しろ海だった低地に土砂が貯まっただけだ。少しでも雨が降れば、北からは淀川が、南からは大和川が流れ込んできた。水は行き場を失いそこで溢れ、この一帯は水はけの悪い湿地帯となっていた。

信長は津島で生まれ、清州から社会に出ていった。いずれも濃尾平野の下流部の湿地帯に位置していた。湿地に育った信長は、湿地の防御性と舟で素早く動ける機動性を熟知していた。

その信長が天下取りのために狙った地形が、湿地帯に囲まれた上町台地であった。何しろ湿地では、大勢の兵隊を乗せた大船は動けない。小舟で近寄ってくる兵隊も、上陸する際には沼地に足をとられて身動きできない。そうなれば、台地の上から矢を射ぬかれ放題となってしまう。

この上町台地に攻め入るには、台地の南の天王寺口しかない。防御する側は、その尾根の入り口をしっかり固めさえすればよかった。

本願寺一党は信長に負けなかった。それは、上町台地の地形が信長に負けなかったのだ。

本願寺との和睦が成り、上町台地を自分のものにした直後、信長は本能寺で急逝した。そのため、信長の上町台地の狙いと執着を、直接証明することはできない。しかし、この信長の上町台地への狙いは、豊臣秀吉の行動が証明している。

秀吉は、天王山で明智光秀を破った直後に、大坂城の建設に着手している。信長の側近だった秀吉は、信長の案を自分のものにした。

1614年から1615年、徳川家康は大坂冬の陣と夏の陣で豊臣家と闘った。家康の大坂城攻めは困難に陥った。真田幸村をはじめとする武将以上に強かったのは、上町台地の地形であった。家康の敵は難攻不落の上町台地の大坂城となった。

信長は、湿地に囲まれた上町台地と戦った。

秀吉は、その上町台地に大坂城を築城して、上町台地を味方にした。

家康は、信長と秀吉の２人が創り上げた大坂城に苦しみ、それをやっと陥落させた。

家康は信長と秀吉の上町台地を乗り越えることで、真の天下人となれた。大坂城のある上町台地は、信長、秀吉そして家康が、天下覇権をかけて闘った戦国１００年を象徴する地形であった。

9 なぜ秀吉は大坂城をつくったか

家康を関東に追いやる

1590年、豊臣秀吉は北条氏を降伏させ、ついに天下人となった。

その年、秀吉は家康に戦功報償として関東を与える、という名目で家康を江戸城に移封した。現代の人々は、「関東を与える」と聞くと、21世紀の今の関東の姿を思ってしまう。歴史の本質は、当時の地形に隠されている場合が多い。21世紀の地形で歴史を見てしまうと、歴史の本質を見誤ってしまう。

箱根の東にある関東は、単なる田舎ではなかった。度し難い不毛の大地であり、発展性のない希望のない土地であった。

家康が入った江戸は、だだっ広い武蔵野台地の東端にあった。この武蔵野台地は役立たずの台地であった。何しろ大きな河川がない。米を作るための水がなかった。

武蔵野台地の東には、水平線が見えないほど広大な湿地帯が広がっていた。縄文時代、海面が５m高かったころ、関東地方は海の下にあった。家康が江戸に入った時期には、海面は下がり、海は後退していた。かつて海だったその跡地には、利根川、渡良瀬川そして荒川が流れ込み、河川によって運ばれた土砂が、巨大な湿地を形成していた。少しでも雨が降れば、湿地帯の水は何日間も引かなかった。高潮ともなれば、江戸湾の塩水が関東の深くまで遡っていた。

西には不毛の武蔵野台地、東には目もくらむほどの広大な不毛の湿地帯。このような地形の関東に家康は追いやられた。

孤立した土地・江戸

江戸は不毛の土地というだけではなかった。江戸は日本列島の交流軸から外れ、情報が届かない、孤立した土地であった。

不毛の武蔵野台地の西側には、箱根、富士山と続く険しい山脈が壁のように連なり、文明の中心の西日本との自由な往来を妨げていた。険しい山々を越えて東日本に向かう陸路

図9-1　江戸時代の関東平野

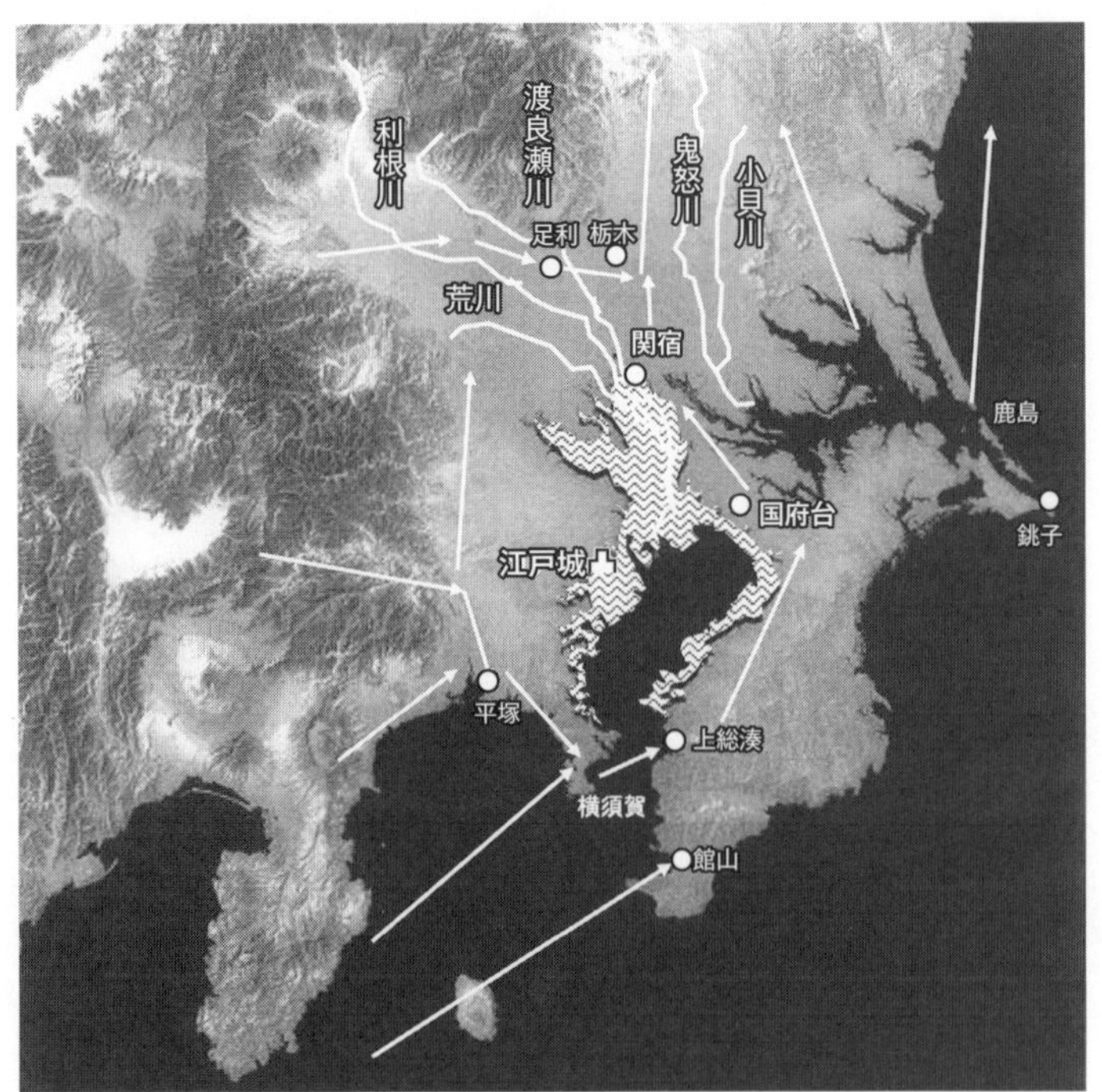

提供：（財）日本地図センター
作図：竹村・後藤

もあったが、江戸はそれらのルートから、すべて外れていた。

（図9―1）が、当時の往来のルートである。西国の京都方面から東北に向かうルートはいくつかあった。1本が東山道（のちの中山道）である。岐阜、長野の山々を越えて、東北へ行くルートである。このルートの難所の利根川と渡良瀬川越えは、上流の群馬、栃木の浅瀬を選んで行われた。

甲府盆地からは、甲府から北の群馬へ向かうルートと、相模川を下り平塚から鎌倉そして横須賀へ出て、船で房総半島に渡るルートであった。箱根を超えるルートも鎌倉から横須賀に出て、房総半島に渡った。房総半島からの陸路は、国府台から北上していくルートと、霞ケ浦を船で渡り北上するルートとなった。

西からの船で海路で東へ向かうルートがあった。房総半島の銚子沖で海流は太平洋に流れ出ていた。この海流は難所で、横断するのには危険だった。海路で関東まで来た人々は、房総半島で上陸して、陸路を利用して東北に向かって行った。

西国から東北へ行くどのルートも、江戸を通らない。江戸は日本列島の東西の主要ルートから外れ、ポツンと孤立していた。江戸は情報の軸から外れた孤立した土地であった。

秀吉は地形を十分に利用した。家康を不毛の地形の関東に追いやり、街道の軸から外れ、情報から孤立した地形の江戸に追いやった。秀吉は地形を利用して、家康を幽閉したのであった。

一方、大坂にいた秀吉は、大坂の地形を十分に利用して、難攻不落の大坂城を完成させていった。

■上町台地の地下水脈

秀吉は大坂の上町台地に天下統一の大坂城を建築した。戦国時代、上町台地は大坂の湿地帯に突き出ていた。湿地に囲まれた台地は難攻不落である。何しろ湿地では、大勢の兵隊を乗せた大船は動けない。小舟で近寄ってくる兵隊も、上陸する際には沼地に足をとられて身動きできない。

織田信長は、この上町台地に立てこもる本願寺の宗徒に悩まされた。

しかし、難攻不落の城は、いつもある弱点を持っている。それは「水」であった。飲み水だけではない。汚物の排水も問題となった。

難攻不落の城には、必ず何百、何千という将兵たちが長期間立てこもることとなる。その立てこもりで問題となるのは飲み水である。米は何年間も保管できる。しかし、水は何年間も保管はできない。飲み水がなくなれば1週間で城は落ちる。

大坂城は上町台地の先端にある。山から流れ出てくる川や沢はない。台地の周辺には水が見えるが、その水は大坂湾から逆流してくる塩水だ。飲める水ではない。

石山本願寺の宗徒は信長に対して11年間も上町台地で立てこもった。いったいその時の飲み水はどうしたのか？

２０１４年の春、関西の水道技術者ＯＢ会に呼ばれた。会場は上町台地の水道協会関西支部会館であった。講演で上町台地と難攻不落の大阪城の話をしたところ、会員からこの会館建設時のエピソードが語られた。

関西支部会館の建設時、地下を掘削してビルの基礎工事をしていた。土台の掘削工事の翌日の朝、現場に行ったら地下が水でいっぱいになっていたので驚いた、というエピソードであった。その写真を送ってもらったのが、前日に掘った地下室が水でいっぱいになっていた。明らかに上町台地は地下水が豊富なのだ。

上町台地の南の四天王寺方面から、台地に向かって地下水流が流れ込んでいる。この地下水さえあれば飲み水に苦労することはない。井戸を掘れば、籠城した兵士たちの飲み水は確保される。

石山本願寺の宗徒は、11年間も上町台地に立てこもって信長と戦った。その石山本願寺宗徒の飲み水を支えたのが、上町台地の地下水であった。

今も現役の「太閤下水」

長期の籠城戦で困るのが水であるが、飲み水ともう一つ困るのが排水である。生きている人間は必ず排泄する。多くの人間が生活するときには、排泄物をスムーズに処理しなければならない。当時の排泄物の処理は、ともかくスムーズに流し去ることである。この上町台地ではこの排泄が実にスムーズに行われた。何しろ南北に長く伸びる狭い台地である。排水路を東西に向ければ自然と排泄物は台地の下へ流下していった。

豊臣秀吉は１５８３年から大坂城建設を開始した。それと同時に大坂の都市づくりにも着手した。

秀吉の大坂の街づくりの特長は下水道だった。秀吉は自然の地形を利用して、排泄物をスムーズに流下させていく下水道を建設したのだ。「太閤下水」と呼ばれる日本最初の本格的な下水道であった。

その下水道は上町台地の地形の理にかなっていた。そのため、４００年たった21世紀の現在も、大阪市下水道局はこの太閤下水を現役として使用している。（写真9-1）が大阪市下水道局のパンフレットである。小さく大阪市の職員が見えている。この下水道の規模が理解できる。

大坂の街は南北に配置された。その街の汚物の排水路は、東側の大坂湾と西側の河内湾に向かっていた。下水路から出る排泄物のバクテリアは、プランクトンを繁殖させた。プランクトンは小魚を育み、小魚は大きな魚や鳥の餌となった。

写真9-1　太閤下水

地形を利用した太閤下水によって食物連鎖が形成された。大坂湾や河内湾は、大坂の人々に海や川の幸を提供していった。

秀吉が建設した幕府が江戸に移ってからも、豊かな海産物に恵まれた大坂は、食道楽の大坂として独特の文化を生みだし繁栄していくこととなった。

織田信長は上町台地と戦い、遂にその地形を手に入れた。信長を継いだ豊臣秀吉は、関東の地形を利用して徳川家康を幽閉し、その一方で上町台地の地形を利用して難攻不落の大坂城を建造した。

徳川家康が天下を取るためには、まず、大坂の地形の上の大坂城を攻略しなければならなかった。さらに、長期政権を確立するためには、不毛の関東の湿地の地形を克服しなければならなかった。

１５０年間の戦国の終結は、３人の武将の地形を巡る戦いであった。

10 日本最初の運河・小名木川の謎

1590年代になされた工事

日本列島は全周を海に囲まれていて、中央脊梁山脈から無数の河川が流れ下り、河口部には大きな湿地帯が展開され、山間の盆地にも水面が広がっていた。そのため日本の水運の歴史は古代にまで遡り、日本文明は水運とは切っても切り離せない関係にある。

日本の長い歴史で、人工的な運河の歴史はそれほど古くない。何しろ人工の運河は膨大な労力と費用を必要とする。人工運河を造るより、自然の水面である海、河川そして湖沼を利用する水運が発達した。その自然の水面利用の水運が便利な土地から集落共同体と都市が生まれていった。

運河の歴史書や文献を読むと、日本の運河の歴史は、江戸時代初期の1614年の京都中心と伏見を結んだ9・7㎞の高瀬川と1615年の大坂市内の2・5㎞の道頓堀から始まっている。しかし、それは正確ではない。

日本の本格的運河は、戦国時代の1590年の徳川家康が築造した5㎞の小名木川を発祥とする。

東京の中央区、江東区、墨田区あたりは、江戸時代にどんどん海に向かって埋め立てられていった。その埋め立てに伴い、大小さまざまな運河が造られていったが、昭和時代に多くの運河が埋められてしまった。奇跡的に残ったのが小名木川である。

■家康の自前資金で築造

（図10−1）の「小名木川五本松」は、幕末に広重が描いた小名木川である。この小名木川運河が造られたのは、家康が秀吉に命ぜられて江戸入りした1590年代まで遡る。江戸入りした家康が取る物もとりあえず、最初に造ったインフラであった。

家康は何の目的で、江戸入城早々にこの小名木川運河を築造したのか？ どの資料にも小名木川の目的は、今の千葉県市川市の行徳でとれた塩を江戸城に運搬するためとされている。

図10-1　小名木川五本松（広重）

しかし、この説は明らかに誤っている。

というのも、家康の出身地は岡崎市である。その岡崎には矢作川が流れ、その河口には家康の配下の吉良家が開発した膨大な塩田があった。兵糧の塩など、行徳から運搬しなくとも、地元の矢作川から運べばよかった。三河名産の極上の塩が売るほど取り寄せられた。

たしかに小名木川は「塩の道」と呼ばれ行徳から塩を運搬していた。しかし、それは江戸中期から末期そして明治にかけてである。家康が江戸入城した時期は、戦国の山場である豊臣秀吉との戦いを控えた重要な時期である。のんびり塩の道など造っている場合ではなかった。

さらに、この小名木川は徳川家康の自前の資金で造られたと伝わっている。1603年に江戸幕府が開かれて以降、江戸の運河のみならず、お城、埋め立て、虎ノ門ダムそして水道システムなどのインフラは、すべて全国の大名たちの資金と技術と労力によるお手伝い普請で行われていった。

戦国の緊張していた時期、自前の資金で造った小名木川の目的は何だったか？

郵便はがき

料金受取人払郵便

牛込局承認

9026

差出有効期間
2025年8月
19日まで
切手はいりません

162-8790

東京都新宿区矢来町114番地
神楽坂高橋ビル5F

株式会社ビジネス社

愛読者係行

ご住所 〒 TEL: (　　) FAX: (　　)		
フリガナ お名前	年齢	性別 男・女
ご職業	メールアドレスまたはFAX メールまたはFAXによる新刊案内をご希望の方は、ご記入下さい。	
お買い上げ日・書店名 年　月　日	市区 町村	書店

ご購読ありがとうございました。今後の出版企画の参考に
致したいと存じますので、ぜひご意見をお聞かせください。

書籍名

お買い求めの動機

1　書店で見て　2　新聞広告（紙名　　　　　　　　）
3　書評・新刊紹介（掲載紙名　　　　　　　　）
4　知人・同僚のすすめ　5　上司・先生のすすめ　6　その他

本書の装幀（カバー），デザインなどに関するご感想

1　洒落ていた　2　めだっていた　3　タイトルがよい
4　まあまあ　5　よくない　6　その他（　　　　　　　　）

本書の定価についてご意見をお聞かせください

1　高い　2　安い　3　手ごろ　4　その他（　　　　　　　　）

本書についてご意見をお聞かせください

どんな出版をご希望ですか（著者、テーマなど）

関東制圧の地形の急所・国府台

当時、江戸城の目前の湿地帯には荒川、利根川が流れ込んでいた。（図10-2）でそれを示している。この関東は水吐けが悪く、雨が降ると水は何カ月も引かなかった。北条氏一党の武将たちは、約100年間この広大な関東の湿地帯の各所に構えていた。家康はこの武将たちを一刻も早く制圧しなければならなかった。

広大な関東を制圧するためには絶対に抑えなければならない急所の土地があった。房総半島とその根元にある「国府台（こうのだい）」であった。

房総半島は京都から東北へ行く海上ルートの玄関口であった。江戸湾内は大干潟で座礁しやすい。房総半島には大きな河川がなく、船が横付けできる岩場の良港が数多くあった。

房総半島に上陸し、陸路を北に向かうルートに「国府台」があった。この国府台を過ぎると関宿となり、関東地方で唯一、陸路で東北へ進軍することができた。国府台は関東の地形上の急所であった。

国府台は関東で最も古い由緒ある土地である。1千年近く遡る645年の奈良時代、関東支配のために国府が置かれた。その国府がなぜ「こうのだい」と呼ばれるのか。

それはさらに日本書紀の日本武尊まで遡る。日本武尊がこの国府台に立って、この地から西に広がる対岸、つまり、江戸一帯を制圧しようとした。しかし、目の前には目もくらむような広大な湿地が広がっていた。あまりにも複雑で広大な湿地帯に躊躇していると、コウノトリが飛んできて、そのコウノトリが道案内をしてくれるという。日本武尊はコウノトリのおかげで湿地帯を無事に渡り、対岸の江戸一帯を制圧した。それ以降、関東では国府台と書いて「こうのだい」と呼ばれるようになった。

国府が設置された以降、この国府台は関東の重要な土地となった。1192年、源頼朝はこの国府台に陣を張り、決起する拠点とした。1538年、1564年と北条氏と里見氏がこの国府台を巡って、国府台合戦が展開された。1868年（明治元年）、戊辰戦争で旧幕府軍は、江戸奪還のためこの国府台で構えた。昭和になり、国府台は帝都・東京防衛のため陸軍砲兵隊の駐屯地にもなった。

国府台は日本史における、東日本での最大の戦闘の舞台であった。家康がこの国府台を占拠することが関東制覇の条件でもあった。その国府台を占拠するために家康は取るものもとりあえず小名木川運河に着手した。

その理由は、江戸湾の地形にあった。21世紀の地形ではない。江戸初期の江戸湾の地形に戻る必要がある。

干潟のアウトバーン

小名木川は1590年代に建設されている。(図10-2)は江戸初期当時の江戸湾の海岸線である。小名木川は海岸線に沿った干潟の中に造られた。その断面を(図10-3)の下に示した。

行徳の塩田から塩を運ぶなら、わざわざ水路を建設する必要はない。天気の良い日に、江戸湾を海岸沿いに行徳まで行けばよい。

なぜ小名木川はわざわざ干潟に造られたのか。その理由ははっきりしている。江戸湾の波に影響されないための運河であった。小名木川は江戸湾の波が高くても、いつでも進軍できる高速水路であった。江戸城から道三堀を通り小名木川運河を進めば、北から流れ下る複数の河川を遡れる。

舟で兵士を大挙して派遣して、圧倒的なスピードによって関東各地の豪族たちを戦わずして制覇していく。この軍事戦術が小名木川の目的だった。

図10-2　江戸初期の河川及び海岸

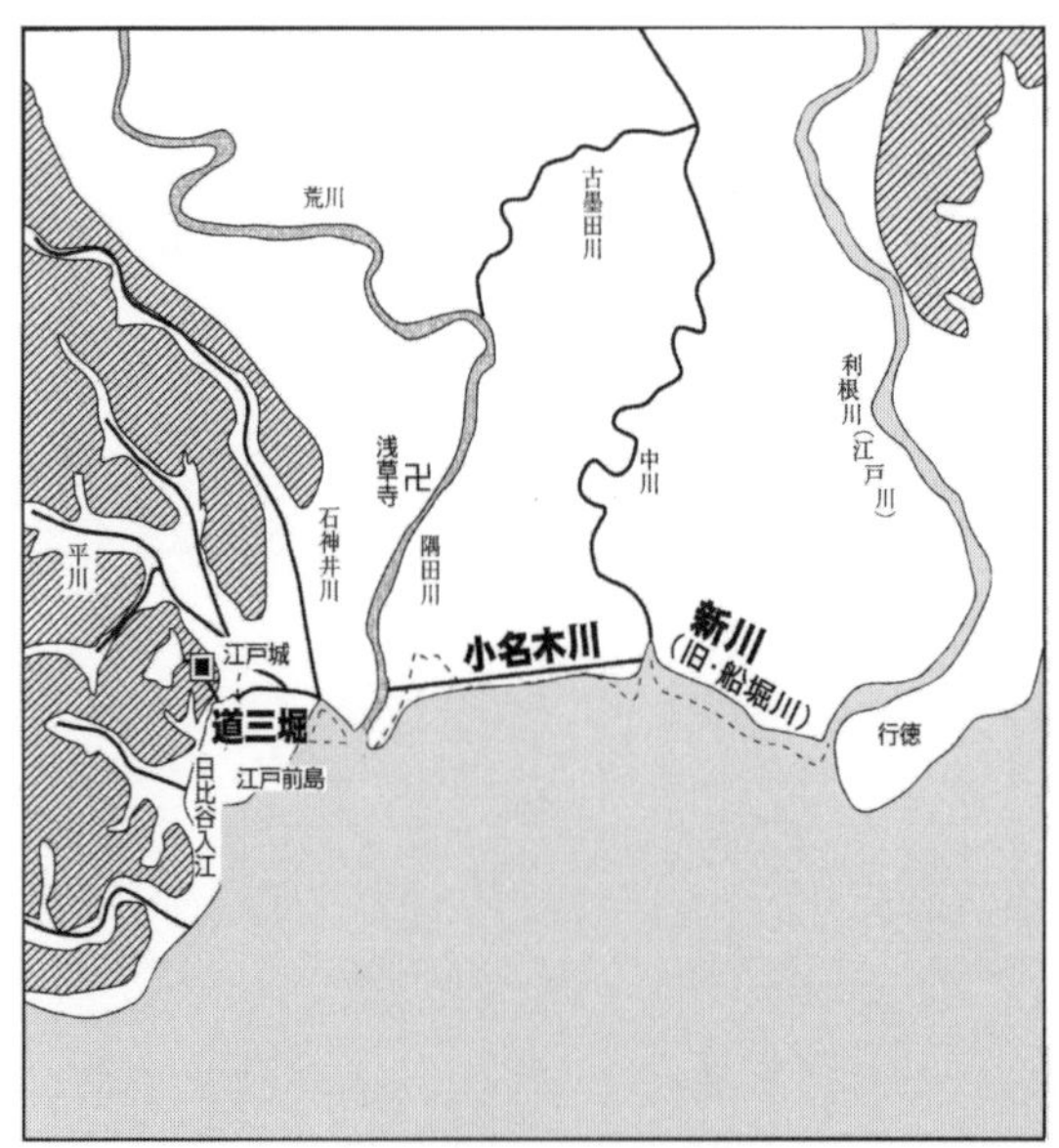

出典：鈴木理生『幻の江戸百年』筑摩書房　作図：竹村、松野

図10-3　小名木川断面図（江戸初期）

作図：竹村、松野

ヒットラーは20世紀に、ヨーロッパ一円を制圧する高速道路のアウトバーンを建設した。ヒットラーより３５０年前、家康は関東一円の湿地帯を制圧する高速水路のアウトバーンを建設した。

佃島の謎

この説を傍証する史実もある。小名木川が築造されたのと同時期の１５９０年（天正18年）に、家康は、摂津国西成郡佃村（現在の大阪市西淀川区佃）から、その地の名主であり漁師であった、森孫右衛門一族33名を、江戸に連れてきている。

昔から江戸は海産物の名産地であり、漁師は多数いた。江戸湾の地形や潮の流れ、魚の群れの溜まり場などについては、地元のほうが熟知していたはずだ。漁業のためなら、森一族をわざわざ大坂から連れてくる意味はなかった。

漁師としてではなく、軍事船の船頭として必要だった。戦国時代においては、漁船は魚を獲るばかりでなく、商船などの護衛をする水軍の役目も果たしていた。

この森孫右衛門は本能寺の変が発生した際、いち早く家康の逃げ道の水路を確保し、大坂からの逃亡を助けた。軍事的に有能な水運集団であり、かつ、家康に対して忠実でもあった。そのため、小名木川築造と同時に、家康は森孫右衛門一族を大坂から呼び寄せた。舟で兵士を運ぶ際、船頭が裏切者であった場合には、わざと転覆させられてしまう。重い武具や鎧を装着した兵士たちは全滅する。軍事船においては、船頭の操舵能力と忠誠心こそが、満載された兵士たちの命綱であった。

家康は北条氏の100年の支配下にあった江戸の漁師たちを信用できなかった。わざわざ大坂から呼び寄せた史実が、小名木川が軍事用水路アウトバーンであったことを示している。

家康は秀吉の命令で江戸に閉じ込められ、大湿地帯の地形を見て「不毛の湿地帯！」と愕然とした。しかし、その一方で、この地形を利用すれば、水軍で関東を制覇できると判断した。そして、直ちに小名木川築造に向かった家康の凄さが見えてくる。

のどかに見える、広重の描いた幕末の小名木川の風景には、そんな歴史のドラマが隠れていた。

ところで実際の小名木川は、この絵のように、湾曲していない。真っすぐの運河である。広重は遠近感を出すために、小名木川をゴルフのスライスのように右に曲げて描いた。実は、広重が小名木川を描いた20年前「江戸名所図会」が出版されている。その「江戸名所図会」の絵師も小名木川の遠近を出すために曲げて描いている。その絵師は小名木川をゴルフのスライスではなく、フックのように左に曲げて描いている。

20年後、これを見た広重は右に曲げて描くことで、「江戸名所図会」と自分の絵を重ねることで小名木川を真っ直ぐに修正したのだろう。時空を超えて2人の絵師が楽しく遊んでいる。

21世紀の今、この小名木川は東京の新名所のスカイツリーと組み合わされ、再び注目を浴びつつある。

11 禿山の中の関ケ原の戦い

関ケ原での金網デスマッチ

東京・大阪間の新幹線には数えきれないほど乗っている。東京から大阪に行く時には、名古屋駅の停車の音で目が覚め、岐阜羽島から関ケ原を通過する時には車窓から関ケ原をしっかり見ることになる。

この関ケ原の地形は何度見ても興味深い。

濃尾平野の平坦な土地のあとに、小さな丘が連続していく。いくつかの小山を通り過ぎると関ケ原に入る。あっという間に関ケ原を通り過ぎトンネルに入る。そのトンネルの先には琵琶湖周辺の近江平野が展開している。（図11-1）は、関ケ原を中心とした位置図である。

関ケ原は近江平野と濃尾平野の中間に位置している。近江平野は石田三成の勢力範囲

図11-1　関ケ原の地理

出典:戦国時代勢力図と各大名の動向ブログ　一部作図:竹村

で、濃尾平野は家康の勢力範囲であった。両軍とも自身の勢力範囲に留どまらなかった。前に前にと敵に向かっていった。その両軍が対峙したのが関ケ原だった。

関ケ原は近江でもない、濃尾でもない。関ケ原は、人間たちの天下分け目の場であったが、関ケ原は日本列島の地形の東西の分け目の場でもあった。関ケ原は、戦国の幕を下ろし日本列島が統一される象徴の土地であった。両軍は東の濃尾平野と西の近江平野から、わざわざこの狭い盆地地形の関ケ原に集結した。(図11−1)を見るとそのことが理解できる。

この盆地の関ケ原には退路がない。もちろん盆地からの街道はある。東には中山道、南には伊勢街道そして西には北国街道が続いている。しかし、これらの街道は敵が裏に回り込めば、簡単に退路は抑えられてしまう。退路を失えば決定的な敗北につながる。戦国時代、敵対する両軍がわざわざ逃げ道が限られた狭い盆地に閉じこもって、大会戦を繰り広げたことなどあるだろうか。

退路を断って戦う。引き分けはない。勝つか負けるしかない。まるで、格闘技の金網デスマッチのようだ。

島津の中央突破

逃げ場のない関ケ原で語り草になっているのが「島津隊の退き口」と呼ばれている中央突破の退却戦である。

戦闘当初は西軍がやや優勢に進んだ。しかし、小早川陣営の裏切りで戦局は一気に東軍が優勢となった。戦闘に加わらず戦局の動きを見守っていた島津義弘率いる約1千名の島津軍は、いつのまにか敵陣に囲まれていた。退路を失った島津軍は東軍の中央突破を図ることとした。目指すは南へ延びる伊勢街道であった。勇猛な薩摩隼人の島津軍の思わぬ行動に東軍も一瞬たじろぎ、中央突破を許してしまった。

その後、東軍による激しい追撃戦が伊勢街道で展開された。島津軍の殿(しんがり)の小隊は、東軍の足止めを担い徹底的に戦った。その小隊が全滅すると、次の小隊が足止め役を担い、その小隊が壊滅すると次の小隊が戦った。

本隊の島津義弘は伊勢街道を南下し、海路を利用して薩摩に帰還した。生き残って帰還した数80名という日本戦闘史に残る激しい撤退戦であった。

見通せない風景

30年ほど前、車で岐阜から大津に向かった。途中の関ケ原に立ち寄った。関ケ原の所々で止まり、車外に出て周辺を見回した。何か変であった。

風景が変だった。関ケ原が見通せなかったのだ。西側の山道に車を走らせて、小山に登り、道路に立っても同じだった。建物や木々の切れ目から見通せる場所はあるが、関ケ原全体を見回せる場所などなかった。

読んだり聞いたりしていた関ケ原の風景と違う。話によると関ケ原の各陣営の動きが手に取るように描かれていた。味方の陣のみならず、敵方の動きも見えている。その動きを見て、作戦を立てている。その有名な場面は、小早川陣の動きであった。

小早川秀秋は西軍の石田三成と東軍の徳川家康双方へ加担の約束をしていた。松尾山に陣取った小早川は、戦局を見極めどちらの陣営につくかを窺っていた。朝から始まった激しい戦いは、西軍がわずかに優勢に戦いを進めていた。家康は動きのない小早川の様子を見てイライラし、その怒りを表すため、小早川陣に向かって鉄砲で威嚇射撃をしたとも伝わっている。

鉄砲の威嚇射撃の真偽はともかく、丘の上から情勢を見詰めていた小早川秀秋は、ついに西軍を裏切り、西軍の大谷軍に攻め込んでいった。小早川の行動を見ていた他の軍団も、次々と西軍に攻撃を仕掛けていった。

この小早川の判断と行動が、東軍勝利のきっかけとなったことは間違いなかった。つまり、関ケ原で交戦していた東西の各陣営、そして行動を決めかね丘から戦局を見つめていた各陣営、それらすべての陣営は関ケ原を見通していたのだ。

私にはそれが不思議で、理解できなかった。

何しろ私が見た関ケ原は、木々で満たされて、関ケ原の全体など見渡せなかった。関ケ原の戦いは現在の10月20日ごろである。紅葉は始まっていたかもしれないが、木々の葉っぱが落ちて、関ケ原全体が見通せるような枯れ木の時期ではない。

関ケ原の風景に釈然としないまま、関ケ原を後にした。

戦国時代は禿山だった

関ケ原に立ち寄った時から10年近く経ったある日、東京大学の林学の太田猛彦教授の講演を聞く機会があった。その講演会で配布されたレジメの図の一枚に、眼が釘付けになってしまった。それが第2章で紹介した米国の歴史家コンラッド・タットマンによる「どの時代に、どの地方から木材を持ち出していたか」を記した分布図である。

再度この図を掲載したが、この図のグレーの網かけの部分が問題であった。この部分は、1550年までに木々が伐採されていた地方である。1550年といえば戦国時代である。その戦国時代に、西は山口、南は紀伊半島、東は伊豆半島、北はなんと能登半島まで伐採されていた。つまり、戦国時代の舞台だった関西には、すでに木がなく禿山であったことを意味している。

講演の後、太田教授を捕まえた。「戦国時代の関西は、禿山だったのですか?」と聞くと、そんなことも知らないのか、という顔つきで「戦国時代だけではなく明治から昭和にかけても禿山になっている」と教えてくれた。その時代の禿山の写真もあることを教えて

図11-2　祈念構造物のための木材伐採圏

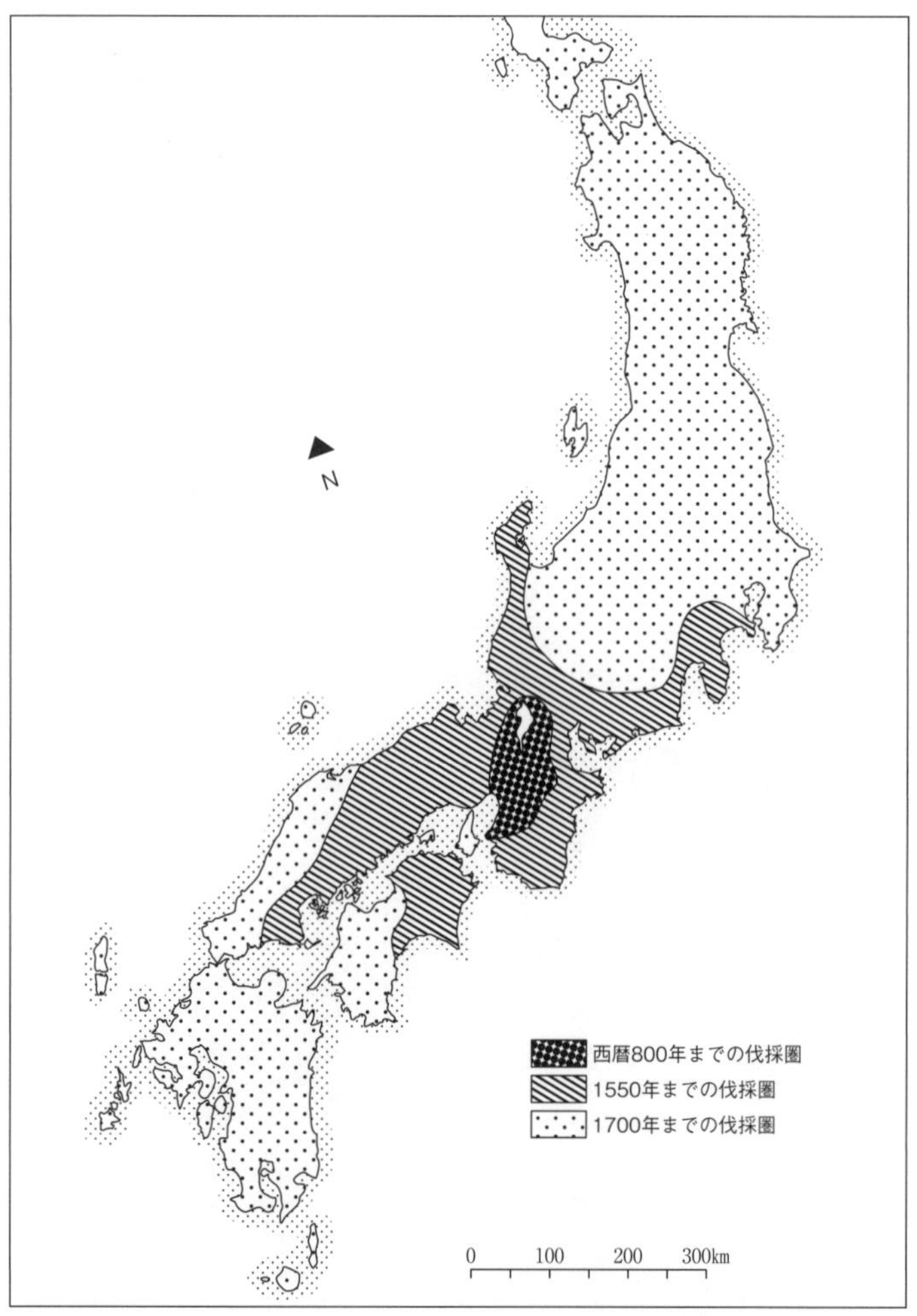

出典：コンラッド・タットマン『日本人はどのように森をつくってきたのか』築地書館（熊崎訳、1998）より引用

写真11-1　昭和初期　京都府京都市　叡山ケーブル(京福電気鉄道)

写真:絵はがき『全国植樹祭60周年記念写真集』発行:㈳国土緑化推進機構

くれた。早速、その写真集を探し当てた。その写真を見て驚いた。

明治から昭和にかけ日本列島全体が禿山であった。その1つが（写真11－1）の京都の比叡山の写真である。あの神聖な比叡山が禿山になっていた。なお、明治から昭和にかけて、日本列島のすべての山々が禿山であったことは『全国植樹祭60周年記念写真集（国土緑化推進機構）』で掲載されている。

戦国時代、関西地方には木がなかった。関西のどの山も禿山であった。つまり関ケ原も禿山だった。これなら関ケ原の高台に行けば、関ケ原のすべてが見通せる。見通せる風景なら、関ケ原の戦いの物語がストンと胸に落ちていく。

10年越しの関ケ原の謎がスーと消えていった。逃げ場のない盆地地形の関ケ原は禿山で、すべてが見通せた。そこに集結した東軍と西軍の大将と侍たちは、退路を断って、生きるか死ぬかの決死の覚悟で戦いに挑んだ。日本の歴史が決まったこの場面、日本人はなんと勇ましく、そして、なんと痛ましかったのか。

歴史を振り返るとき、大切なのは地形である。その地形も21世紀の地形ではない。歴史の主人公たちが走り回った当時の地形である。ところがその当時の地形など簡単に知ることはできない。古地図を見ても私には解読ができない。ところが江戸時代は違う。

広重が江戸の風景を残してくれていた。私は広重の絵を美術品として見ていない。写真として見ている。

ここまで奈良、平安そして戦国時代を述べてきた。次章からは江戸時代を記述していくこととなる。江戸は近代日本の土台となった。日本を知るためには江戸を読み解くことが大切となる。江戸文明を読み解くためには、広重の作品が大きな力を与えてくれる。

広重の『名所江戸百景』は、江戸都市の誕生と繁栄を教えてくれる。家康が関東制覇のために造った小名木運河、飲み水のための虎ノ門ダム、玉川上水など日本の都市の原点を教えてくれる。

広重の『東海道五十三次』では、日本列島に生きた日本人のアイデンティティーと江戸文明の変遷が読み解ける。日本橋を行く大名行列の足軽が小さなものを愛おしむ日本人の性向を表現していること、日本には世界に稀な情報ネットワークが構築されていたこと、江戸末期には日本が崩壊の絶壁に立っていたこと、などを教えてくれる。

私は土木技術者で地形の専門家である。歴史の門外漢の私が歴史に参加できるのは、広重の絵を地形とインフラの観点から読むところにある。

今後、これが本書で広重の絵が登場してくる理由である。

12 家康が関東で発見した宝

不毛の地、江戸への帰還

１６００年、徳川家康は関ケ原の戦いで西軍に勝った。家康は朝廷から征夷大将軍の称号を得るため、京都の二条城に入った。１６０３年に征夷大将軍の称号を受けると、即座に江戸に帰ってしまった。この江戸帰還が江戸幕府の開府となった。

なぜ、家康はあの不毛の地・江戸に帰ったのか？

１５０年続いた戦国の幕を下ろすには、この家康の江戸帰還はあまりにも不自然だった。戦国時代を勝利して、天下人となるには、朝廷を抱えることが要件だった。混乱の世の中を鎮静化し、天下を制覇する象徴が京都の朝廷であった。

歴代の足利将軍、武田信玄、今川義元、織田信長そして豊臣秀吉を見れば分かる。彼らの目は常に朝廷に向かっていた。朝廷を抱えこみ、それを天下に示すことが、天下人になることの宣言であった。そのためには、天下人は京都または京都周辺にいなければならない。

ところが、家康は違った。征夷大将軍になった家康は、京都に背を向け、あの東の果ての箱根を越えて、さらに武蔵野台地の東端にある江戸に帰ってしまった。

全国の戦国大名たちはあっけにとられたに違いない。まだ、大坂城には秀吉の嫡男、豊臣秀頼が構えていた。西には戦国制覇を狙う毛利も島津も黒田官兵衛もいた。それなのに、全国制覇の天下人になることなどに興味がないかのように、家康は箱根の東に消えてしまった。

当時の江戸は、度し難い不毛の土地であった。不毛の土地というだけではない、日本列島の交流軸から外れ、孤立し、情報が届かない、発展性のない土地であった。

江戸はだだっ広い武蔵野台地の東端にあった。この武蔵野台地は役立たずの台地であった。何しろ大きな河川がない。米を作るための水がない。その武蔵野台地の西側には、箱根、富士山と続く険しい山脈が壁のように連なり、日本文明の中心の西日本との自由な往来を妨げていた。

江戸城の東には、水平線が見えないほど広大な湿地帯が広がっていた。縄文時代、地球は温暖化で海面は5m上昇していて、関東地方は海の下であった。家康が江戸に入った頃、地球は温暖化から寒冷化に移行していて、海は今の海面水準になっていた。海は陸から後退し、縄文時代に海だった跡地には、利根川、渡良瀬川そして荒川が流れ込み、その河川によって運ばれた土砂が、巨大な干潟湿地を形成していた。

少しでも雨が降れば、この湿地帯の水は何日間も引かなかった。また、高潮ともなれば東京湾の塩水が関東の深くまで遡っていた。この劣悪な環境の湿地帯で生えているものといえば、アシ・ヨシのみであった。

家康はこの不毛の地に帰還してしまったのだ。

フィールドワーカー家康

家康がこの不毛の江戸に初めて入ったのは、さかのぼること13年前の1590年であった。

1590年、豊臣秀吉は北条氏を降伏させ、ついに天下人となった。その年、秀吉は家康に戦功報償として関東を与える、という名目で家康を江戸に移封した。この移封は正確に言えば、秀吉による家康の江戸幽閉であった。

江戸の地は、平安から鎌倉時代にかけ秩父一族の豪族・江戸氏によって開発された。室町時代に上杉定正がこの地を制し、その家臣、太田道灌が江戸に城郭を築造した。応仁の乱からの戦国時代に関東一帯を制したのが北条氏であった。1524年、北条氏は上杉氏を追放し江戸城郭も支配した。

1590年に家康が江戸城に入ったといっても、それは荒れ果てた砦であった。秀吉と雌雄を競う家康が入るような城郭ではなかった。荒れ果てた江戸城に入ったとき、家康の部下たちは激高したと、伝わっている。

家康はこの粗末な江戸城郭に入ったが、城の大修復や新築には取り掛からなかった。江戸の町づくりに本格的に着手するのも関ケ原の戦いの後である。

1590年、江戸に入った家康は一体何をやっていたのか？

この時期、家康はフィールドワークに徹していた。家康は徹底的に関東一帯を見て歩き廻っていた。この関東一帯の調査は後年の検地・知行割・町割などの政策で生かされていった。しかし、それ以上にこの現地調査は歴史的に重要な意味を持つこととなった。

家康はこの関東の調査で「宝物」を探し当てていた。

それを手に入れれば、間違いなく天下を確実にするとてつもない代物であった。

発見した宝物は2つあった。1つは、目に染みるような利根川の森林であった。もう1つは、大湿地の関東平野を、日本最大の穀倉地帯に転換させる鍵となる地形の発見であった。

日本一の大穀倉地帯

米国の歴史学者、コンラッド・タットマン氏による日本の歴史的森林伐採の変遷の調査は、日本史を議論するうえで貴重な宝だ。彼は全国の寺社仏閣に入り、縁起書類を調べ上げた。その縁起には寺社の創建、改築時の木材搬入先が記されていた。その研究成果が日本森林伐採の変遷図であった。

その図は、本書の2「桓武天皇の京都への脱出」、本書の11「禿山の中の関ケ原の戦い」で示した。奈良時代に寺社の建造のために琵琶湖、紀伊半島まで伐採範囲は広がっていた。戦国時代には能登半島、伊豆半島、紀伊半島全域、高知、山口まで伐採範囲は拡大していた。

これは戦国時代、すでに関西には木々はなくなり、山々は禿山だったことを意味している。当時、木々が唯一の燃料であり、建造物や道具の材料資源である。燃料と材料資源がなければ、社会の発展などない。

1590年、家康は秀吉によって関東に幽閉された。その家康が関東で目にしたのは、緑溢れる手つかずの利根川流域であり荒川流域であった。家康は日本一の森林地帯、今でいえば大油田地帯を発見したのだ。

家康が発見したもう1つの宝とは、ある小さな地形であった。

前述したが、縄文時代、地球は温暖であり海面は上昇していた。海水は関東地方の奥まで進入し、当時の関東平野は海の下にあった。（図12－1）は、家康が江戸に入った時期の関東地方である。海面は低下し、かつて海だった場所に利根川、渡良瀬川そして荒川が流れ込み、広大な干潟を形成していた。

この干潟は厄介な湿地帯であった。少しでも雨が降れば、何本もの川の水が押し寄せて、何週間も何カ月間も水浸しになっていた。逆に、高潮ともなれば、海水は干潟の奥まで進入して使い物にならない塩水で溢れていた。

不毛の大湿地帯の関東に閉じ込められた家康は、鷹狩りと称して関東を歩き回った。その家康は、ある地形を発見した。（図12－1）の地形ではっきり分かるのが、利根川は現在

図12-1　江戸時代の関東平野

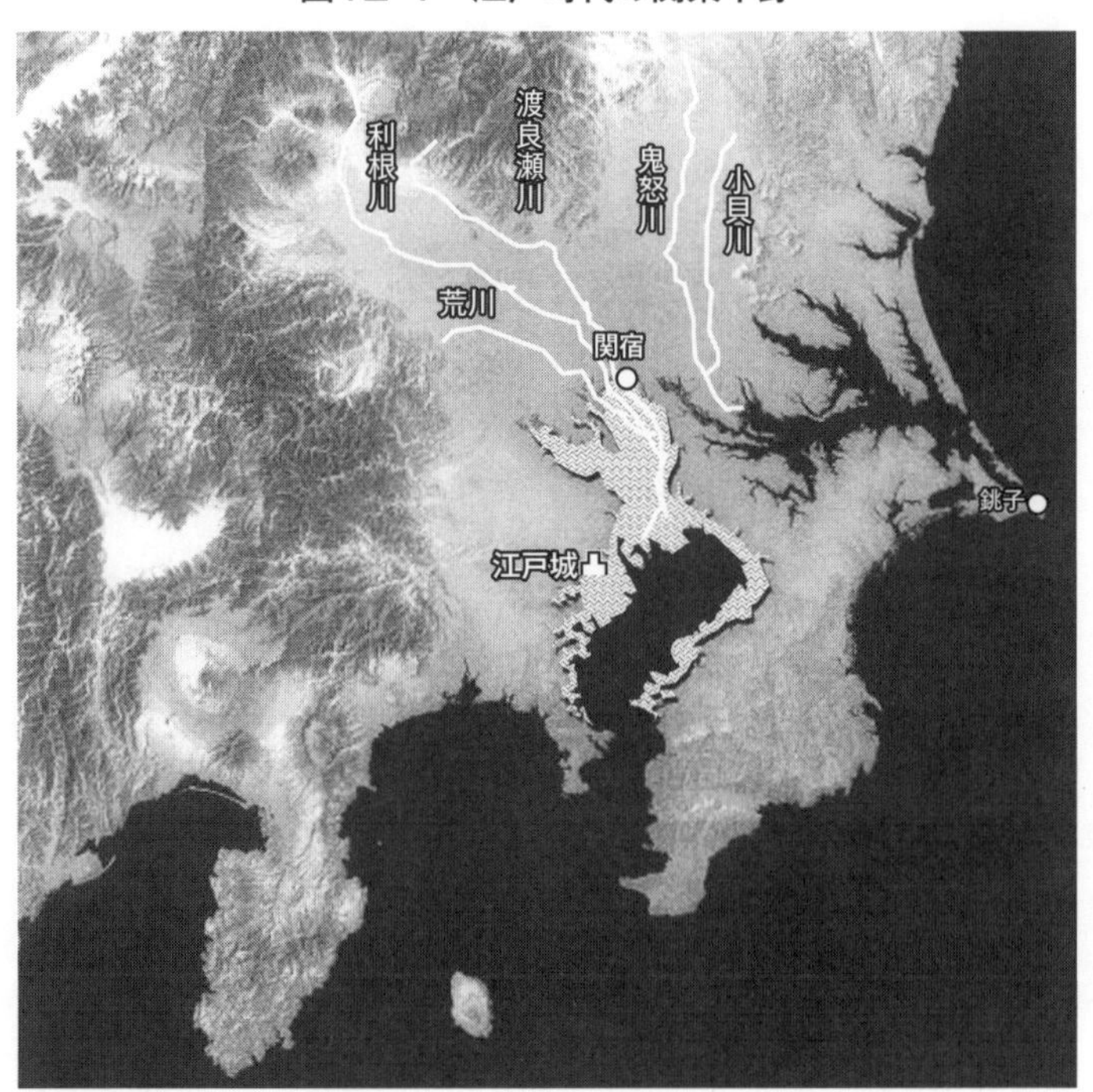

提供：(財)日本地図センター
作図：竹村・後藤

の関宿付近の台地で行く手をブロックされていた。この関宿の地点で利根川は、向きを南に変え江戸湾に流れ込んでいた。

徳川家康は気がついた。この関宿の台地を削れば、利根川の流れは江戸湾に向かわず、東の銚子に向かう。厄介な利根川の洪水が江戸湾に来なければ、江戸城の目の前に展開する干潟を埋め立て干拓するのは簡単だ。この広大な干潟は日本一の穀倉地帯になる。

日本一の穀倉地帯で米を作る。米は最高の金銭価値を持つ。他の大名の領地を武力で奪わなくても、膨大な財産が手に入る。家康はこの大湿地帯の下に眠る大穀倉地帯を見抜いた。

地形との過酷な闘い

関ケ原の戦いの以前から、家康はこの利根川を銚子に向かわせる工事に着手していた。しかし、家康にとっての天下を獲るための関ケ原の戦いが開始された。そのため、利根川の工事は一時中断した。

家康はその関ケ原の戦いに勝利し、征夷大将軍の称号を受けると、即座に江戸に戻ってしまった。

実は、家康には戦いが待っていたのだ。それは人間同士の戦いではなかった。人間同士の戦い以上に過酷な関東の地形との戦いであった。利根川の流れを東にバイパスする「利根川東遷」工事という戦いであった。

家康は50年間、天下を獲るために人の血を流し続けて戦ってきた。その獲った天下を治

図12-2　利根川東遷

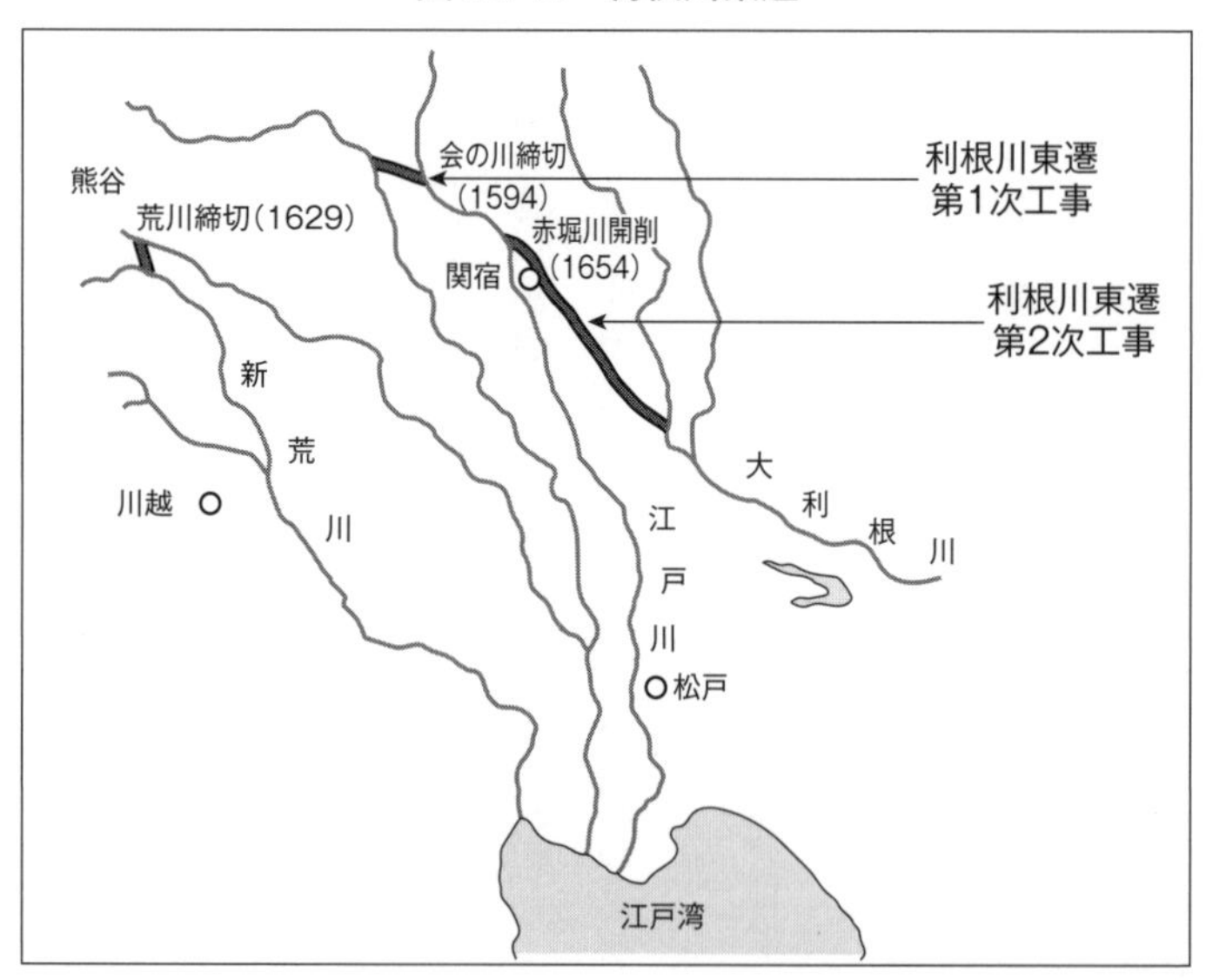

めるため、今度は地形との過酷な闘いを開始しなければならなかった。

徳川家康が江戸に帰還した理由は、利根川であった。日本一の大森林地帯と日本一の大穀倉地帯を持つ利根川。この2つの宝を持つ利根川が家康の江戸帰還を待っていた。

13 利根川東遷事業の謎

関東の鬼門、関宿

関ケ原で勝った家康は、この不毛の地に帰還した。そして、利根川東遷工事の再開を指示した。

関ケ原の戦いからさかのぼること10年前の１５９０年、家康は豊臣秀吉によって江戸に転封させられた。家康は荒れ果てていた江戸城の修復もせず、鷹狩と称して関東を歩き回った。

鷹狩一行は大陣容であった。家康は力の差を見せつけ、戦わずして旧北条氏の豪族たちを屈伏させてしまった。家康の鷹狩の言い伝えは、西の武蔵野台地、多摩川から横浜、三浦半島、北の秩父、群馬、さらに東の房総半島に及んでいた。家康はこの鷹狩りと称した巡視によって、関東制覇に関する重大な地形を発見していた。

それは利根川と渡良瀬川が、東から南へ流路を変える「関宿」の地形であった。この関宿には下総台地があり、この台地で利根川と渡良瀬川はブロックされ、流路を南に変え、江戸湾に流れ込んでいた。

（図13－1）は、現在の地形図の海面をコンピューターで5m上げた関東の地形図である。関宿で利根川と渡良瀬川をブロックしている下総台地の地形の存在が分かる。（この地形図は縄文前期の関東の地形を表している）

この下総台地は家康にとって極めて危険な地形であった。この台地だけが、湿地帯の関東で乾いた土地であった。この時代、東北には独眼竜、伊達政宗がいた。名門の戦国大名の上杉もいた。彼らが東北から一気に南下する時には、必ずこの台地を駆け下ってくる。この台地を南下すれば、房総半島を一瞬にして抑えられる。

日本列島において、古代から房総半島は西日本と東北を結ぶ要であった。房総半島には船が接岸できる良港が多くあった。船で京都、大坂から来た人々は、房総半島の港で上陸して東北に向かった。房総半島の南が上総（かずさ）と呼ばれ「上」が付くのは、京都に近い東北の玄関口であったからだ。

図13-1　古代の関東地方のルート
地形は縄文前期の関東（海面5m上昇させた）

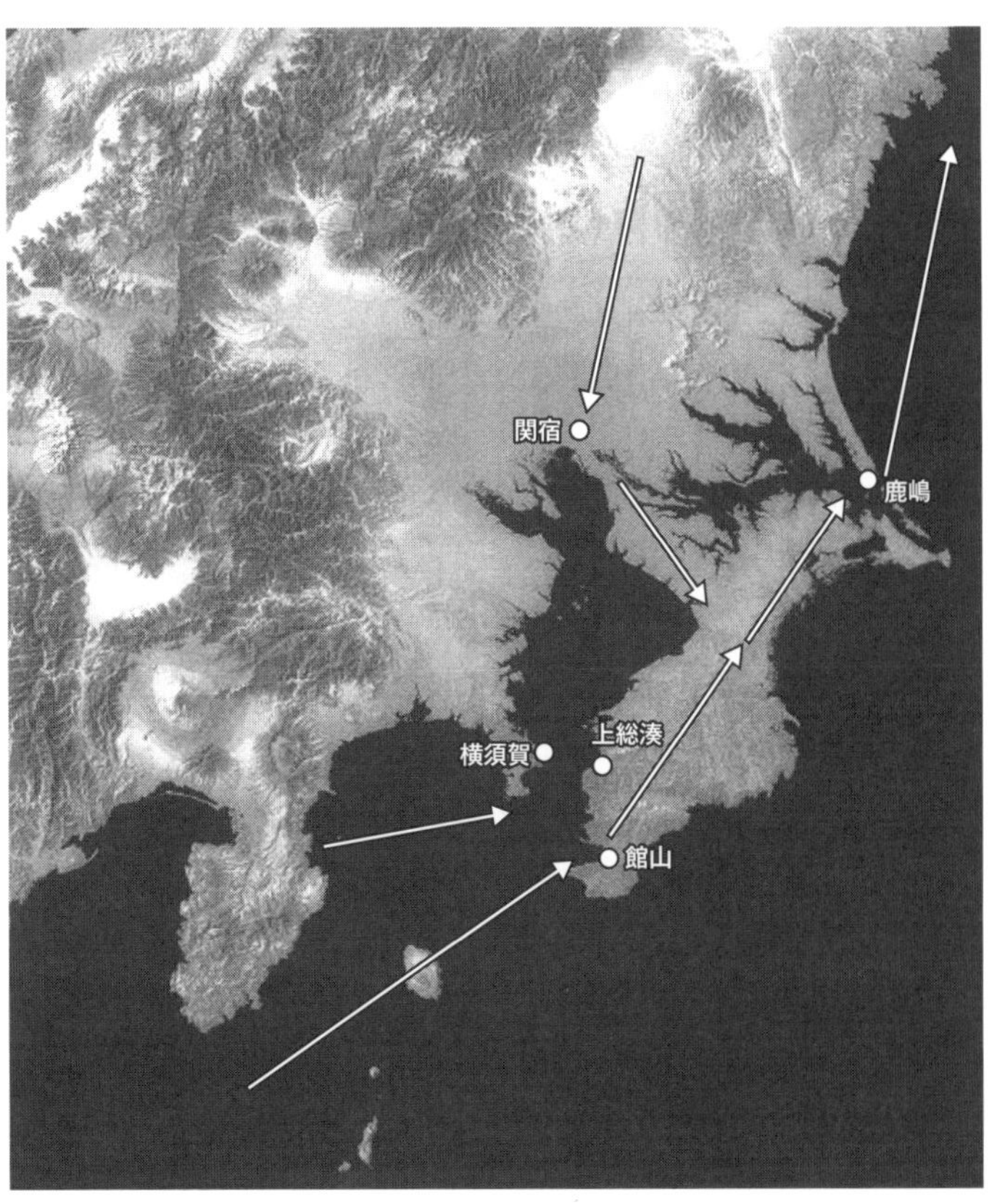

提供：（財）日本地図センター
作図：竹村

関宿を南下し、房総半島を占拠すれば、太平洋側の制海権までも握れる。そのため、この関宿の台地は江戸の家康にとって危険な地形だった。関宿は東北から鬼が入ってくる鬼門であった。

■利根川を銚子へ

この関宿の台地はそれほど広くなかった。この関宿の地形を発見した家康は、この台地を開削して、利根川と渡良瀬川の流れを銚子に向ける計画を立てた。自然の河川の流水で巨大な堀を造る。台地を分断する堀で、東北からの敵の急襲を防御する作戦であった。

1594年、戦国の炎が燃えている真最中、家康は利根川東遷の第1次工事の会の川締め切り工事に着手した。古地図で推定する限り、この第1次工事は利根川を渡良瀬川に合流させる工事であった。次の第2次工事に取り掛かろうとしたときに、天下分け目の関ケ原の戦いが開始された。利根川東遷は一時中断せざるを得なかった。

関ケ原で勝利した家康は、江戸に戻り、腰を据えて幕府を開府した。

西の関ケ原の戦いの最中、東北では「東北の関ケ原」と呼ばれる伊達と上杉の凄まじい戦いが繰り広げられていた。その戦いは伊達の優勢で終わり、伊達政宗は徳川の陣営に入った。

1614年、戦国時代の最終戦、大坂の陣が開始された。伊達政宗は徳川側について大活躍をした。江戸幕府にとって東北の脅威は消えた。ところが利根川東遷事業は、営々と継続されていった。

1621年、新川が開削された。1654年、赤堀川が開削された。4代将軍・家綱の世、遂に、利根川と渡良瀬川の流水が銚子に向かった。すでに日本は戦いのない平和な時代となっていた。

ここで利根川東遷の目的が霧の中に入ってしまう。

いったい、利根川東遷の目的は何だったのか？　という謎の霧だ。

400年後も継続されている

この利根川東遷事業は、徳川家綱の時代で終わらなかった。江戸時代を通じて利根川の工事は継続された。川幅が拡幅された。川底が掘り下げられた。利根川東遷によって関東平野は大変身を遂げた。利根川、渡良瀬川の洪水が銚子へ向かったことで、不毛の湿地帯の関東が乾田化していった。日本一の穀倉地帯が誕生していった。

明治の近代日本になっても、この利根川東遷事業は終わらなかった。乾田化した関東平野に日本中の人々が集まってきた。東京、埼玉、千葉の南関東に人口が集中していった。南関東は日本人が集中する首都となった。

昭和22年、キャサリン台風が関東を襲った。利根川は右岸で決壊して先祖戻りをした。濁流は東京湾に向かって南関東を襲い、約1千人の人々の命を奪った。

日本の首都を守る利根川の治水は、極めて重要な課題となった。利根川の狭窄部は広げられた。堤防の強化が続けられた。遊水池も建設されていった。利根川東遷事業は、21世紀の今でも続いている。

家康は伊達政宗の急襲に対して「防衛」のため利根川東遷を開始した。

江戸時代になると、利根川東遷事業は関東地方を乾田化する「国土開発」の目的に変わっていた。

近代になって利根川の河川工事は、関東を洪水から守る「治水」になっていた。

家康が始めた利根川東遷事業は、「敵からの防衛」から「国土開発」そして「治水」と目的を変えながら４００年後の21世紀でも継続されている。

14 都市を支える命の水

広重が描く虎ノ門のダム

歴史に残る利根川東遷という大事業の陰に隠れて、ある重要な工事が江戸のど真ん中で行われていた。都市住民の飲み水を供給する日本最初の都市ダム建設である。

家康は、利根川では河川改修の治水事業を、江戸市内ではダム建設の利水事業という、水の両面作戦を展開せざるをえなかった。そのことを教えてくれるのが広重の絵である。写真がない江戸時代、広重の絵は江戸文明を造ったインフラを教えてくれる貴重な資料となる。

（図14−1）が、その「虎ノ門外あふい坂」である。

ある時、広重の画集をぱらぱらとめくっていた。その時、「虎ノ門外あふい坂」で手が

図14-1　虎ノ門外あふい坂（広重）

止まってしまった。

この「虎ノ門外あふい坂」はもう何度も見ていた。それまでは、願掛け修行する2人の職人と、そば屋の親父と、2匹の猫に視線を奪われていた。

もちろん、滝を見てはいたが、この滝の重要な意味を見過ごしていた。この絵で手が止まったのは、この滝の意味に気がついたからだ。この滝は自然の滝ではない。これは人工の滝であった。

この滝は人工の堰堤（えんてい）を流れ落ちている。この堰堤は、石を積み練り固めたダムである。絵の構図から判断すると、高さ数mの立派なダムが、江戸の真ん中にあった。

この場所は、千代田区の虎ノ門である。修行している2人の職人が向うのは、現在も虎ノ門にある金毘羅さんだ。

2匹の猫が座っている坂は、アメリカ大使館へ行く坂である。反対側の丘の上の光が灯っている屋敷は、今の首相官邸であろう。

この地点にダムがあれば、背後の赤坂一帯が貯水池となっていたはずだ。

まさに、溜池交差点から赤坂の繁華街は、明治までダム湖の溜池であった。今でもその「溜池」という地名だけは残っている。

この虎ノ門ダムの貯水池は、今は交通量の多い「外堀通り」である。名前の通り、この貯水池は江戸城の外堀であった。この貯水池は江戸城の堀であったが、もう1つ重要な使命があった。

それは、江戸市民の飲料水を供給することであった。

塩分化していた地下水

1590年、徳川家康は秀吉の命令で、江戸へ移封された。

当時の江戸は、住家がぽつんぽつんと点在する寂しい寒村であった。江戸城のある台地に湧水はあった。しかし、大軍を擁する徳川勢の飲料水としては、絶対的に不足していた。

江戸城の台地の下には、今の荒川の隅田川が江戸湾へ向かって流れ込んでいた。しかし、その川の水は、飲み水にはならなかった。なぜなら、江戸の低平地は限りなく平坦で、江戸湾の海水は、満潮のたびに河口から逆流して、陸の奥深くまで差し込んでいた。

そのため、川の水の塩分濃度は高く、地下水も塩分化していて、飲料水としては使用できなかった。

江戸は、家康が政権を樹立する地として、最も基本的なインフラである「水」がない欠陥の地であった。

家康が江戸入りに際し、最初にやるべきことは、清浄な飲料水を確保することであった。

1590年の江戸入を前に、家康は家臣、大久保藤五郎に上水の確保を命じた。大久保藤五郎は後の神田上水となった神田山から水を引いた。どうにか、当面の飲み水は確保され、家康は江戸入りをした。

江戸入りしてから10年後の1600年、天下分け目の関ケ原の戦いが始まった。勝利した家康は、京都から江戸へ戻った。

江戸幕府が開府され、いよいよ、首都・江戸の都市建設が本格化していった。

江戸の都市造りで有名なのが、日比谷の埋立てである。神田の高台を削り、日比谷の入江を埋立て、ここに家臣団たちの住居を配置し、運河に荷揚場を建設した。この日比谷の埋め立ては、土地造成という華やかな工事だったので、江戸の都市建設の代表のように語られる。

しかし、この日比谷の埋立ての華々しい工事の陰で、重要なインフラ工事が行われていた。

それが、虎ノ門のダム建設工事であった。

玉川上水の完成

1606年、家康は和歌山藩の浅野家に堰堤、すなわちダム建設を命じた。神田の沢水に頼っていた江戸の水は、目に見えて不足していった。そのため、ダムを建設し、その貯水池で水を確保しようというものであった。

もともと、現在の赤坂から溜池にかけては低湿地で、今の清水谷公園から水が湧き出ていた。さらに、虎ノ門付近は地形的に狭窄部となっていた。この地形に目をつけた家康が、浅野家に堰堤建設を命じた。

この虎ノ門の狭窄部に堰堤を建設すれば、飲料水の貯水池が誕生する。さらにその水面は、江戸城を防御する堀にも兼用できる。

この虎ノ門の堰堤は、日本最初の都市のためのダムとなった。その堰堤を広重は「虎ノ門外あふい坂」に描いてくれていた。

虎ノ門のダムが完成して、半世紀がたった。江戸の人口はどんどん膨れあがり、再び、

図14-2　玉川上水（広重）

水不足になっていった。遠く多摩川から水を導水する工事が持ち上がった。工事は１６５３年に開始され、１６５４年に総延長43㎞の玉川上水が完成した。

玉川上水は、この虎ノ門の溜池に連絡された。多摩川の水が豊富なときに、この溜池に水を貯めておき、多摩川が渇水になると、この溜池の水を使うこととなった。（図14－2）は広重が描いた玉川上水である。

現代と変らない都市への水資源供給システムが構築された。

江戸時代を通じ、この虎ノ門の溜池は、江戸市民の命の水を供給し続けた。

■ダムは都心から消え山の中に

明治になり、江戸が東京と改まっても、玉川上水と虎ノ門のダムは東京市民に水を供給し続けた。しかし、明治の近代化は、東京への急激な人口流入を招き、居住環境は悪化し、溜池の水質も一気に悪化していった。

明治19年、東京でコレラが大流行した。近代水道事業の必要性が認識され、明治31年、新宿に淀橋浄水場が完成した。多摩川からの玉川上水は、虎ノ門の溜池をバイパスし、淀橋浄水場へ直接送り込まれた。水は沈殿・ろ過され、市内に鉄管や鉛管で配水された。

バイパスされた溜池の水はさらに腐り、虎ノ門の溜池は都市発展の邪魔者になっていった。溜池は少しずつ埋め立てられ、ダム堰堤そのものも埋め立てられてしまった。

300年間、水を供給し続けた虎ノ門のダムは消えた。それは東京都民の目の前から、命の水の源が消えていった瞬間であった。

東京はとめどなく膨張していった。人口は200万人、そして500万人も突破し、1000万人へと向かっていった。多摩川の水は徹底的に取水され、羽村堰の下流は賽の河原になっていった。

都市文明を支えるダム

増加する都民の飲み水のため、多摩川の上流に小河内（おごうち）ダムが建設された。更に、戦後の高度経済成長に伴い、東京の発展は続き、急増する水需要に対して多摩川では対応できずに、利根川から水を導水することとなった。利根川上流の集落を水没させ、東京都民のためのダムが建設された。

しかし、東京都民はそのことを知ることはなかった。

現在、東京都は利根川から、1日当たり240万㎥の水を導水している。

240万㎥といってもピンとこない。甲子園球場を水で一杯にすると60万㎥である。だから、東京都は毎日毎日、甲子園球場を満杯にして4杯分の水を、利根川から導水している。いや、導水という生易しい言葉は似合わない。収奪という激しい言葉が似合う。

21世紀の今、東京都民は、自分たちの水が何処から来ているか知らない。もし、知っていても、その水量の膨大さを知らない。

山奥のダム群は、利根川の水が豊かな時に水を貯め、利根川が渇水になった時に水を供給する。このダムによって、東京の安全で快適な生活が維持されている。

地球温暖化により、気候変動はさらに激しくなっていく。極端な大渇水が頻発すると同時に、極端な大洪水が襲ってくる。21世紀、都市のためダムの役割は大きくなることはあっても、小さくなることはない。

400年前、虎ノ門のダムと多摩川からの導水は、江戸市民たちに命の水を供給した。21世紀の近代、山奥のダム群と利根川からの導水は、首都圏の人々の命の水を供給し続けている。

都市文明を支えるインフラの原理は、時空を超えて共通している。

15 伊達政宗がつくった仙台

家康が江戸の街づくりを行っていたちょうどその頃、東北の雄・伊達政宗も仙台の街づくりを懸命に進めていた。伊達政宗は他に例がない仙台の街づくりをなしとげていた。

伊達政宗の仙台の街づくりから４００年後、２０１１年3月11日、宮城県沖で未曽有の大地震が発生した。この東日本大震災は岩手県、宮城県そして福島県に甚大な被害をもたらした。

仙台市はこの大震災地域の中心に位置していた。その仙台に住んでいた市民たちは、４００年前に建設した伊達政宗の街に救われることとなった。伊達政宗の仙台は極めてユニークな都市であった。

■3・11で機能した仙台市の下水処理場

宮城県は東日本大地震による激震を直接に浴びた。沿岸部の各地で大きな被害を出したが、その1つが名取海岸であった。名取海岸の長い海岸線を、津波が陸上に登り襲っていった。その姿は、テレビ局のヘリコプターから生中継された。音声のない静かな映像は、仙台空港や田畑や真新しいマイホーム群が大津波に飲み込まれていくのをとらえていた。全国の国民は、この静かで狂暴な映像に目を釘付けになっていた。この映像は今でも目に焼き付いている。

この大津波が最初に襲ったのは、仙台市の下水道システムの最終処理場の南蒲生(みなみがもう)下水処理場(浄化センター)であった。南蒲生下水処理場は、名取海岸に沿った貞山(ていざん)堀の直近に位置していた。そのため、下水道施設は津波をもろに受けて再起不可能なほどのダメージを受けた。(写真15－1)は、3・11で大津波を受けている南蒲生下水処理場。

南蒲生下水処理場は、仙台市民の70％の下水処理を受け持っていた。仙台市の全域の下水道システムが、この地震で壊滅状態になった、と思われた。

ところが、仙台市の下水道の汚水排水は、震災直後のその日から機能していたのだ。

写真15-1　2011年3月11日　津波の被災を受ける南蒲生下水道処理場

出典：仙台市ホームページ

東北電力の給電システムの麻痺は、仙台市内で約1週間続いた。水道供給システムの復旧は、約1カ月以上続いた。電気がない、水道がない状態で、下水道システムは奇跡のように生き続けた。

それは奇跡ではなかった。必然であった。理由は、この仙台市の下水道システムでは、一切、ポンプが使用されていなかったからだ。つまり、自然の重力だけで、仙台市の汚水は流下していた。そのため、仙台市全域で電気が止まっても、家庭やビルからの汚水は市内で滞留しなかった。

各家庭では使用済みの風呂の水でトイレの汚物を流した。その汚水は自然流下で南蒲生下水処理場まで到達した。南蒲生処理場では汚水処理プラントは破壊されたが、汚水が流れ込んでくる最初の貯水池で暫定的に塩素殺菌した後、汚水は海に流すことができた。

自然の重力だけで汚水排水と処理ができ、これが震災直後の仙台市民の生活を救った。

これは４００年前の伊達政宗の遺産であった。

都市計画上の見事な条件

１６０１年、戦国大名の伊達正宗は仙台を選び、そこを拠点として城下町を建設した。それ以降、仙台は東北地方の中心都市として栄え、現在に至っている。

その伊達政宗が選んだ仙台の地形は、都市計画上、見事な条件を備えていた。

仙台市街は、海岸線から緩やかに上る坂の上にあった。仙台の街に入ると、つい、緑あふれる街路樹と背後の青葉山に目を奪われてしまう。

しかし、この仙台の街そのものが、台地の上に位置していた。その台地は20ｍから１００ｍの標高であり、広瀬川と七北田(ななきた)川が形成した河岸段丘であった。

河岸段丘地形とは、大昔から河川が運んだ土砂が堆積し台地となり、河川がその台地を再び深く削り、河川は台地の下を流れる地形をいう。仙台の旧市街の中心地は、その河岸

図15-1　仙台市芭蕉の辻。街路の中央に水路が流れている

出典：仙台市史特別編4「市民生活」の図112

段丘の上にある。

仙台は他の都市のように低平地の沖積平野の上にはつくられていなかった。そのため、市街の中心を流れる広瀬川には堤防がない。堤防がないから、堤防の破堤はない。どんな豪雨が襲っても、雨水は大地の下を海に向かって流れ下ってしまう。だから、仙台は中心部に洪水がない100％安全な街であった。

しかし、台地の上の仙台には水害はなかったが、水不足に対処しなければならなかった。そのため、広瀬川の上流部から取水して、仙台の街に水を引く用水路が建設された。四ツ谷用水と呼ばれる水路であった。江戸時代の（図15－1）で、仙台市の街路の中央を水路が流れている。

この水路は生活用水、防火用水として仙台の街を潤し、水車の動力にも使われた。この重力で流れる四ツ谷用水が、近代になってからの仙台市の下水道の原型となっていった。

伊達政宗は地形を上手に利用して、洪水に対して安全な街、汚水を自然の力で排水する快適な街をつくった。その400年前の歴史遺産が、21世紀の大災害時に仙台市民を支えたのだ。

ふと、伊達政宗はこの街づくりを誰から学んだのか？　という疑問が浮かんだ。

■秀吉に学んだ街づくり

伊達政宗が仙台の街づくりを開始した17年前の1583年、豊臣秀吉は大坂城建設と同時に、大坂の街づくりに着手した。秀吉の大坂の街づくりは上町台地で開始された。

先に述べたが、秀吉の大坂の街づくりで最も大きな特長は下水道であった。秀吉は自然の地形を利用して、排泄物をスムーズに流下させていく下水道を建設した。「太閤下水」と呼ばれる日本最初の本格的な下水道であった。

その下水道は上町台地の地形の理にかなっていた。そのため、400年たった21世紀の現在も、大阪市下水道局はこの太閤下水を現役として使用している。

大坂の街は上町台地の南北に配置された。街の汚物の排水路は、東西の低地に向かって配置された。汚物は東側の大坂湾と西側の河内湾に向かって流された。下水路から出る排泄物のバクテリアは、海と河内湾でプランクトンを繁殖させた。プランクトンは小魚を育んだ。小魚は大きな魚を呼び込んだ。

地形を利用した太閤下水によって食物連鎖が形成された。大坂湾や河内湾は魚介類の豊穣の場となり、大坂の人々に海の幸を提供していった。

伊達政宗が秀吉の大坂街づくりを学んだという証拠はない。しかし戦国時代、秀吉がどのような街をつくったかは、全国の戦国大名の注目の的であったに違いない。伊達政宗は秀吉の地形を利用した街づくりをこっそり学んだのかもしれない。

持続可能な水インフラ

私の人生の大半はインフラ整備であった。時期は、戦後の急成長の時代に当たっていた。当時のインフラ整備は、常に人口急増と、激しい都市化と、経済膨張の圧力に追われていた。

住宅が足りない。水が足りない。下水道が足りない。洪水が頻発する。交通渋滞が激しい。これらはすべて社会の膨張圧力によるものであった。

この急激な膨張社会に対処するためには、「効率」が最大の合言葉であった。効率とは単位時間の生産性を上げ、単位面積当たりの生産性を上げることである。

水資源開発や上下水道インフラの分野で効率を上げるとは、ポンプを大量に使用することであった。ポンプはエネルギーを必要とする。ポンプは電力の力で大量の水を送り、電力の力で大量の汚水処理をすることになった。

社会の膨張圧力に追われた近代は、エネルギー消費型の社会を造ってしまった。エネルギー消費型の社会は持続可能ではない。ポスト近代のインフラは、持続可能な社会でなければならない。

水インフラ分野で、電気を消費しないシステムにしなければならない。そのためには、重力による自然流下のインフラシステムを再構築する必要がある。

戦国時代の終盤、豊臣秀吉は水が自然流下する太閤下水を創出した。

同時期、伊達政宗は洪水に対して安全で、水が自然流下する高台の快適な仙台を創出した。

江戸時代、徳川幕府は江戸へ43㎞も自然流下で水を送る玉川上水を建設した。明治時代、ヘンリー・スペンサー・パーマーは、相模川から横浜へ48㎞も自然流下で水を送った。

重力つまり自然流下が、資源制約のポスト近代の持続可能な水インフラの指針となっていく。

16 家康はなぜ静岡に隠居したか

駿河の国の府中＝駿府

静岡市は駿河の国の府中、つまり駿府と呼ばれていた。

１６０５年に家康は将軍職を秀忠に譲り、１６０７年に江戸から駿府へ隠居した、と言われている。

家康の駿府入りの説はさまざま言われている。何しろ現在の静岡は、街道のど真ん中に位置している。新幹線、東名高速、そのほか主要動脈幹線が通過している。日本中の人々が通過する無防備な土地が静岡なのだ。

戦国時代において、駿府は地理的に重要な土地であった。そのことは、戦国の主要大名が入れ替わりこの駿府を占めたことでも分かる。１５０年の戦国時代の要の地を挙げろといえば、西の京都そして東の駿府となる。

14世紀中ごろ、源氏を継ぐ名門の今川家が駿府守護職となった。家康が歴史に登場していたころ駿府を制していたのは今川氏であった。

１５６０年、桶狭間で今川義元が織田信長に討たれた。その後、武田氏が駿府一帯を支配した。１５８２年に織田、徳川軍によって武田氏が滅びると、徳川家康が駿府に入り駿府城を築造した。しかし、１５９０年、家康は豊臣秀吉の命令で関東の江戸に移封させられ、駿府は豊臣家のものとなった。

そして、関ケ原の戦いで勝った家康は、将軍職を息子に譲って駿府に移った。つまり、駿府は40年間に、今川、武田、家康、秀吉そして家康と名だたる戦国大名の支配下に置かれた。

なぜ、これほど歴代の戦国大名が駿府を拠点にしたのか？

▒日本列島の東西の要

駿府は家康の終の棲家（ついのすみか）となった。そのため、家康の駿府入りは隠居のためと言われている。しかし、この隠居説には疑問がある。

また、家康は今川義元全盛のころ、今川家の人質として駿府で暮らした。その駿府が懐かしいから、駿府に移ったとも言われている。しかし、それはとうてい考えられない。1607年に家康が駿府に入った時期は、戦国時代の最終決戦の大坂冬の陣、大坂夏の陣の8年前である。大坂城には豊臣家が構え、西国には毛利氏、島津氏などが厳然と勢力を誇っていた。更に、東北では伊達政宗が勢力を伸ばし、南下を狙っていた。徳川家康にとって油断できる世の中ではなかった。決して隠居するとか、懐かしいから、というような悠長な時期ではなかった。

家康は決して油断する男ではない。油断できない戦国の時期だからこそ、家康は駿府に入ったと考えるべきである。それは駿府の地理と地形を考えれば、おのずと理解できる。

駿府は日本列島全体を制する絶対的に重要な土地であった。

西日本から東へ行く陸路には3本のルートがある。北陸道、東山道（後の中山道）そして東海道である。

この3本の街道の内、北陸道と東山道は3～4カ月間雪に閉じ込められてしまう。何カ月も大軍が行き来できないような街道は、日本列島を統一するにふさわしい街道ではない。

やはり、東海道が東西日本を統一する街道であった。その東海道の中央に位置する駿府こそが東西日本を結ぶ要の地であった。つまり、日本列島を統一する要の土地であった。

この日本列島の東西の要の駿府は、防御と攻撃で第一級の地形を保有していた。

極めて特異な地形

駿府の地形は極めて特異な地形を示している。

駿府の背後には2000m級の日本アルプスが控えている。この険しい山岳地帯のおかげで、静岡は決して背後からは攻撃されない。

さらに、この山岳地帯は両手のように2つの尾根を太平洋まで伸ばしていた。この2つの尾根は、静岡を西の焼津市と、東の富士市と完全に分断していた。西の焼津市との境は岡部峠（日本坂峠）、東の富士市との境は由比峠（薩埵峠）であった。江戸時代この静岡すなわち駿府に入るには、この東西の峠を越えなければならなかった。

（図16－1）は静岡周辺の地形陰影図である。東西の峠が静岡を挟んでいることが分かる。現在はトンネルや海岸の張出し道路で簡単に通過してしまう。しかし、徒歩で行く時代には、極めて厳しい地形であった。

図16-1　静岡周辺の地形陰影図

駿府
由比峠
三保半島
岡部峠
0
50km

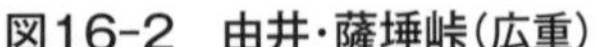
図16-2　由井・薩埵峠（広重）

広重の東海道五十三次でもその険しさが描かれている。（図16−2）は、東海道五十三次の16番目の由比の薩埵峠である。絵の左上に、小さく旅人が描かれている。いかにこの峠が東海道の難所の中の難所であったかが分かる。

西の岡部の峠も険しい。今では日本坂トンネルが抜けているため、厳しさはまったく実感できない。東海道五十三次では岡部に向かう宇津ノ山の峠越えが描かれている。この峠は昼間も暗く、歌舞伎の「蔦紅葉宇都谷峠」で、文弥が十兵衛に殺され百両を奪われる舞台である。

駿府は、アルプスの山々とその尾根に抱かれた鉄壁の防御都市であった。

しかし、駿府は南の海に無防備に開いていた。

安倍川がつくった鉄壁の軍事都市

一見して駿府は、南側で無防備に海に開いている。実は、この海が駿府を守っていた。

駿府はアルプスから流れ下る安倍川の沖積平野である。安倍川は地質構造線の破砕帯にあり、有名な大谷崩れも抱えている。２０００ｍ級の山々から土砂は無尽蔵に供給され、駿府の平野を形成した。

駿府の平野だけではない。安倍川の土砂は海に広大な遠浅海岸を形成した。

遠浅の海岸は、鉄壁の防御海岸である。海から船団が陸を攻撃する際、一番の難所は遠浅である。船は座礁したら動きが取れない。砂浜での上陸作戦は、座礁しない水深で兵隊たちは海に飛び降りなければならない。１ｍ水深の浜に飛び降りた兵隊たちは、武装しているので身動きが取れない。飛び降りたとたん、矢で射抜かれ放題になる。もし、浜辺に辿り着いても、濡れ鼠になった兵隊たちは戦うどころではない。

遠浅の砂浜は一見すると頼りない。しかし、陸地に陣を構える者たちにとって、遠浅の砂浜は鉄の防御壁だった。

この駿府は鉄壁の防御海岸と同時に、この駿府は敵を攻撃する第一級の拠点でもあった。

安倍川が供給する土砂は、静岡海岸の遠浅を形成しただけではない。有り余る安倍川の土砂は、時計回りの海岸流に乗って三保半島という日本でも最大級の巨大な砂嘴（さし）も形成した。この砂嘴は安倍川の流砂と太平洋の波がバランスを取り合い、何万年間もかけて形成された。

この砂嘴の内側に清水港が形成された。この清水港は太平洋の荒波に影響されない天然

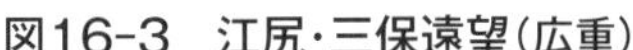
図16-3　江尻・三保遠望（広重）

の良港であった。湾内で航路を維持すれば、いくらでも船が停泊できた。その様子は広重の（図16―3）の「江尻・三保遠望」で見事に描かれている。日本の東西を行きかう船の休息の場が清水港であった。

西の戦国大名が、大軍の船団で東へ攻め込む場合、駿河湾を横断せざるを得ない。清水港で待ち伏せしていれば、東へ進撃する船団を横から攻撃すれば簡単に勝てた。なにしろ駿河湾を横断する船団は長旅でヘトヘトになっている。駿河湾の海流を知り尽くし、清水港で力を蓄えている家康船団にかなうわけがない。

駿府の前面の砂浜は鉄壁の守り。三保の港は最強の攻撃拠点であった。

家康は、駿府の地形の防御性と攻撃性を熟知していた。何しろ、今川義元の庇護の下、この地で8歳から17歳までを過ごしていたからだ。

戦いに明け暮れた家康は、戦国の幕を下ろすための戦い、大坂の陣の出発本拠地として、防御と攻撃の第一級都市の駿府に構えた。

江戸では息子の秀忠の徳川幕府が円滑に動き出していた。1615年、大坂の陣で豊臣家は滅んだ。しかし、家康は駿府に構え続けて、駿府で息を引き取った。

家康は命のある限り、自分がつくった関東平野と江戸を守り通そうとしたのであった。

17 200年の平和が生んだ堤防と文化

江戸時代の国土誕生

徳川家康は征夷大将軍となり、1603年に江戸に幕府を開いた。この家康は200以上の戦国大名たちを統制するのに巧妙な手法を使った。それは日本列島の地形の利用であった。

日本列島の地形は海峡と山々で分断されていて、脊梁山脈からは無数の川が流れ下っていた。この日本列島の地形の単位は流域であった。家康は、この各地の流域の中に大名たちを封じた。

戦国時代までは、全国の河川は制御されることなく自由に暴れていた。特に、河川の下流部では、川は何条にも枝分かれ、乱流しながら沖積平野を形成していた。そのどの沖積

図17-1　那賀川流域水害地形分類図

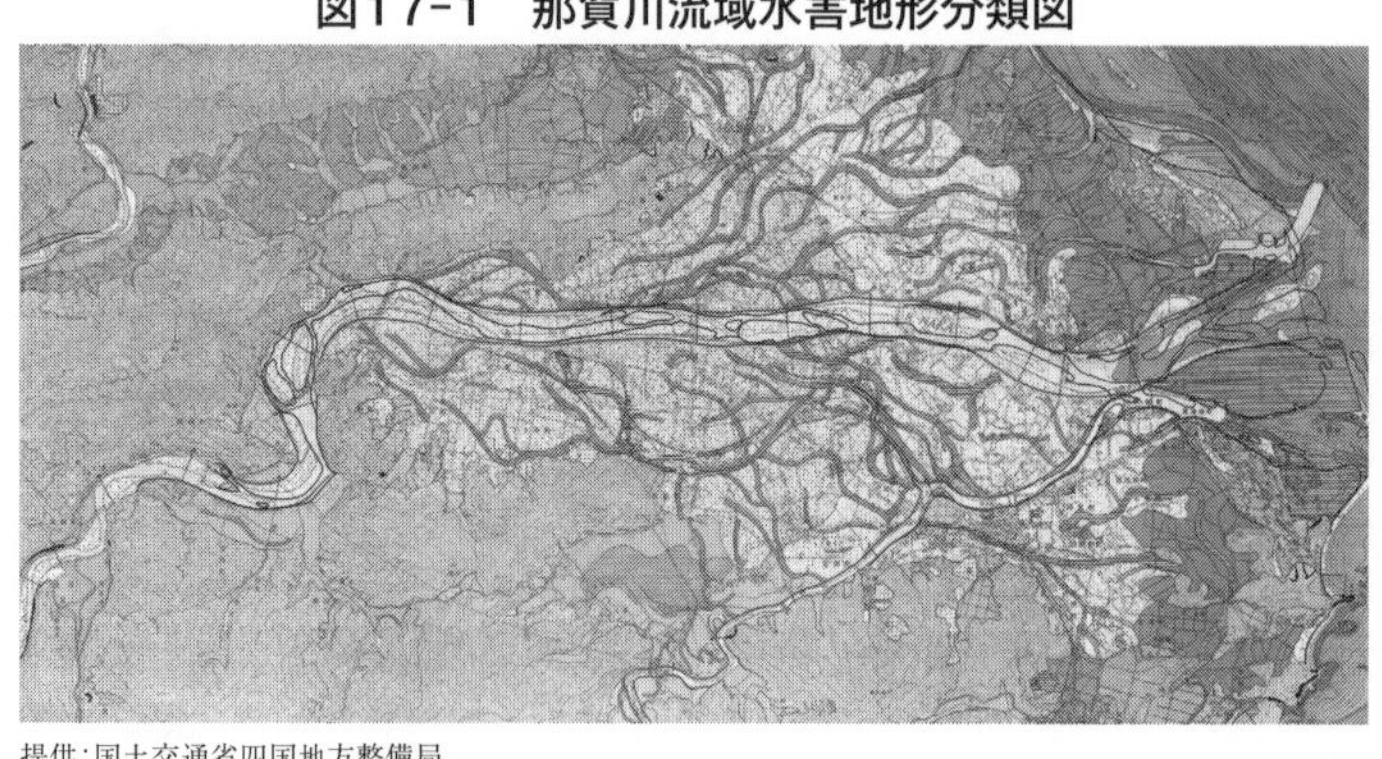

提供：国土交通省四国地方整備局

平野も真水と海水がぶつかり合った湿地帯となっていた。

流域に封じられた大名たちと日本人は、外に向かって膨張するエネルギーを、内なる流域に向けていった。人々は力を合わせて扇状地と湿地帯に堤防を築いていった。その堤防の中に、自由に暴れまくる何条もの川を押し込めていった。

何条もの川を堤防に押し込めた目的は、はっきりしている。川が乱れ流れる不毛な湿地帯を、農耕地にすることであった。川を堤防の中に制御できれば、農耕地が生まれ、富を拡大することができる。

（図17－1）は、徳島県の一級河川、那賀川の平面図である。中央の2本の太い線が堤防で、現在の那賀川を表わしている。その周辺に見える幾条もの線は、かつて川が乱流していた旧河道である。今では地下に隠れて目で見ることはできないが、間違いなく旧河道のヤマタノオロチは足元に住んでいる。

この姿は那賀川だけの特別なものではない。江戸時代、全国の沖積平野でこのように堤防が築かれ、何条にも暴れる河川を、堤防の中に押し込んでいく作業が行われていった。

この流域開発によって、日本の耕地は平安時代から鎌倉、室町、戦国にかけて90万町歩で推移していたが、江戸時代には一気に300万町歩までに増加した。各地の米の生産高は上昇し、それに伴って日本の人口は1千万人から3千万人に増加していった。

平和な時代の新しい戦い

日本の堤防の骨格の99％は、この江戸時代に築造された。日本国土はこの260年間の平和な時代に形成され、富の蓄積が可能となった。

日本人はこの流域開発によって、新しい富を得た。しかし、この土地の下に潜んだ旧河道のヤマタノオロチは危険極まりなかった。洪水で水位が上昇すると、堤防のどこからかその顔を噴き出していった。ヤマタノオロチの水が噴き出せば堤防の土は流出し、一気に堤防は破堤していく。

富を守るための戦いが始まった。洪水から自分たちの田畑や住居を守る戦いであった。足元に眠るヤマタノオロチとの戦いであった。

平和な江戸時代、洪水との新たな戦いが始まり、それは日本人の宿命となっていった。

■堤防の祭りと共同体意識

江戸幕府だけが武田信玄のソフト作戦を拝借したのではなかった。全国の大名たちはこのソフトシステムを真似ていった。

地域の守り神の神社は堤防の傍に祀られた。折々に人々は堤防の上を神社に向かった。長良川の治水神社、多摩川左岸の穴守神社、酒匂川の福沢神社など、全国各地の河川の堤防の直近に神社が祀られた。

神社だけではない。堤防でさまざまなお祭りが工夫された。新潟や埼玉の大凧揚げ、九州の筑後川の祭りは堤防を歩く祭りである。山形県の花笠踊りは「でかした堤、水も漏らさぬ深い仲、ヨカマカショ」と踊って溜池の堤を踏み固める祭りである。

正月の初詣、春の花見、夏の花火、秋の祭りで、人々はぞろぞろと堤防を歩いた。人々は自分たちを守る堤を踏み固めながら祭りを楽しんだ。

堤でのお祭りが、共同体の文化となった。お祭りが故郷のメモリーとなり、共同体のアイデンティティーを醸成していった。

共同体意識は、敵の存在によって意識化される。平和な江戸時代、敵は洪水であった。その洪水と戦う堤防での楽しいお祭りが、共同体のメモリーとなりアイデンティティーとなっていった。

18 日本堤と墨田堤の仕掛け

江戸幕府が、利根川の制御に続いて実施すべきは、隅田川の制御であった。隅田川の上流は荒川と呼ばれ、江戸市内では大川と呼ばれていた。

この隅田川は洪水で江戸を苦しめた。その反面、この川は舟運で江戸と関東一円を結ぶ大切な川であった。さらに、湿地帯の中央に位置していたため、利根川のように流路を遠くへ移動させるわけにはいかなかった。

隅田川の洪水をいかに制御するか。それが江戸の都市づくりの鍵となった。

最初の洪水対策・日本堤

大型機械がない江戸時代、隅田川の治水工事は至難の業であった。

当時の治水の最も基本的な手法は「ある場所で水を溢れさせる」ことである。ある場所で洪水が溢れれば、それ以外の場所は助かる。ある場所で洪水を溢れさせる手法は、時空を越えた治水の原則である。治水はその原則から始まっていく。江戸の治水も、ある場所で溢れさせるという原則から始まった。

隅田川は江戸の北から江戸湾に流れ込んでいた。この江戸湾の奥に中州の小丘があった。その小丘の上に江戸の最古の寺が建っていた。それが浅草寺であった。

徳川幕府はこの浅草寺に目をつけた。

浅草寺は1000年以上の歴史を持っていた。この湿地帯で最も安全な場所という証拠であった。この浅草寺の小丘から堤防を北西に伸ばす。その堤防を今の三ノ輪から日暮里へ続く山ノ手の高台に繋げる。この堤防で隅田川の西岸の江戸市街を守る。洪水を堤防の東へ誘導して、隅田川の東側で溢れさせる。

元和5年（1620年）徳川幕府は、この堤防の建設を全国の諸藩に命じた。浅草から三ノ輪の高台まで高さ3m、堤の道幅は8mという大きな堤防が、80余州の大名たちによって60日余で完成した。（図18-1）は、堤防の位置図と隅田川の東側で洪水を溢れさせたことを示している。

図18-1　日本堤

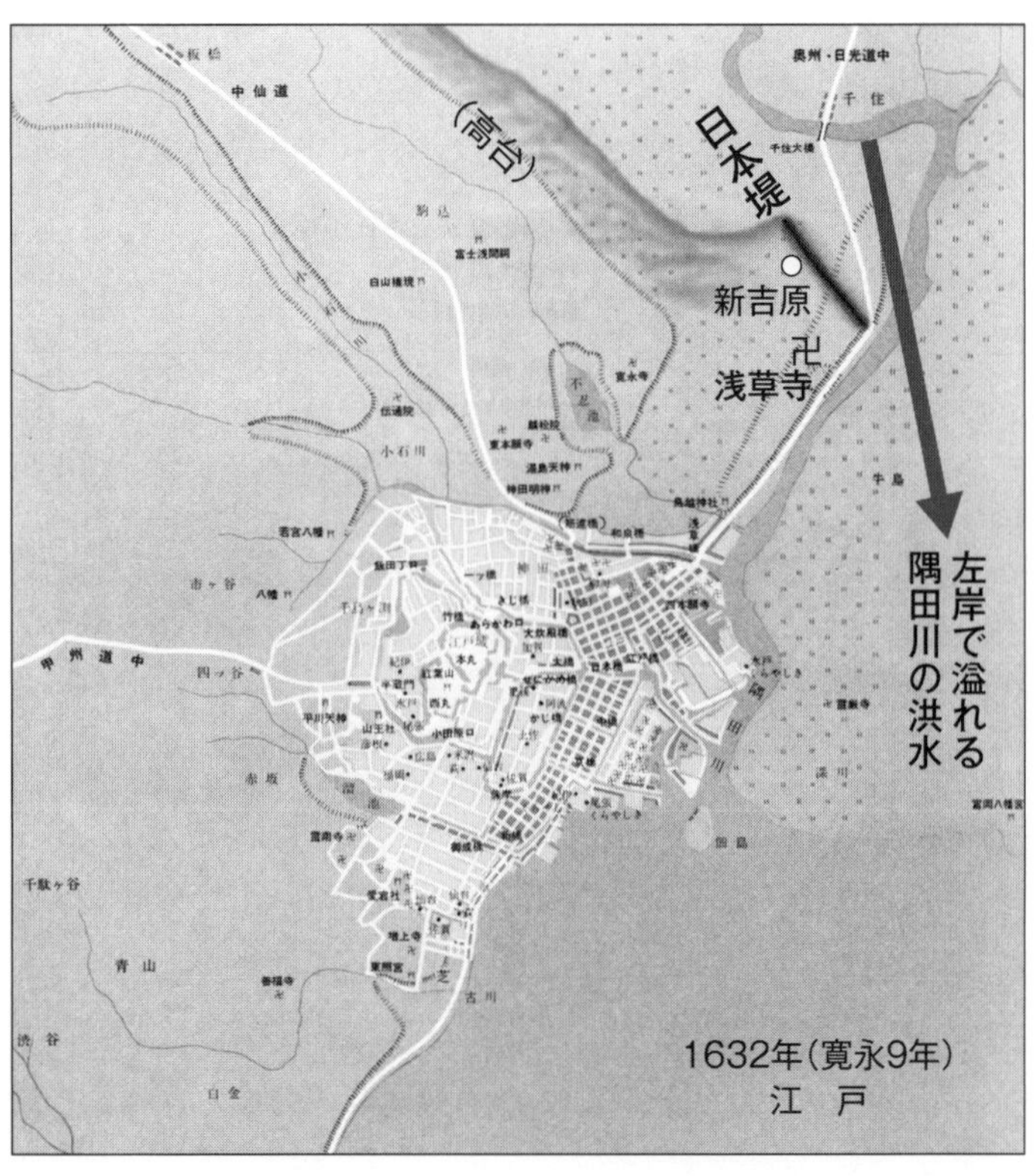

出典：内藤昌著『江戸の町（下）—巨大都市の発展』草思社より
宮村忠著『隅田川の歴史』（かのう書房）をもとに竹村、松野加筆

この堤防の建設に日本中の大名たちが参加したので「日本堤」と呼ばれるようになった。

日本最初の治水ダム

江戸は繁栄し、隅田川西側の江戸市街は拡大し続けた。この江戸の都市を変える決定的な出来事が発生した。

1657年（明暦3年）の正月、本郷6丁目で火事が発生した。火は強風にあおられ本郷、神田、日本橋、京橋そして浅草を一気に焼き尽くした。10万人以上の命を奪う日本史上最悪の火災となった。

江戸幕府は抜本的な復興に着手した。江戸中心部の区画整理を行い、密集した武家屋敷や町屋を整理し、防火帯として広小路を各所に設置した。これらの区画整理の武家屋敷の代替地として、隅田川の対岸を当てることとした。

当時、武蔵国の江戸からみれば、隅田川の対岸は下総国であった。隅田川の左岸は大雨のたびに水が溢れ、中州が島のように点在していた。江戸の人々は隅田川の対岸を「向島」と呼んでいた。

幕府はこの隅田川に初めて橋を架けることにした。武蔵国と下総国の両国を結ぶ橋なので、両国橋と命名された。それ以降、現在の墨田区と江東区などが江戸市内に組み込まれていった。

いよいよ世界一の大都市・江戸へ発展していく準備が整った。

隅田川の東岸を江戸市内に取り込んだからには、もう隅田川の東側で洪水を溢れさせるわけにはいかない。他のどこかで水を溢れさせる必要がある。

以前から隅田川の左岸には中洲が切れ切れに熊谷へ続いていた。江戸幕府はこの中洲を本格的な堤防に改築することにした。墨田堤から荒川堤、熊谷堤へと一連の堤防を建設していった。

日本堤と一連の墨田堤で囲む一帯で、隅田川を溢れさせる。洪水をここで溢れさせ、江戸に洪水を到達させない。

これを遊水池と思ってしまうが、それは正確ではない。遊水池は河川の外側で洪水を遊水させる。ここは日本堤と墨田堤に囲まれた河川の内側で水を遊ばせる。そう、このシステム機能は、現在のダムである。日本歴史上初の、都市防災のための洪水調節ダムだっ

図18-2　日本堤と墨田堤の間で溢れる隅田川の洪水

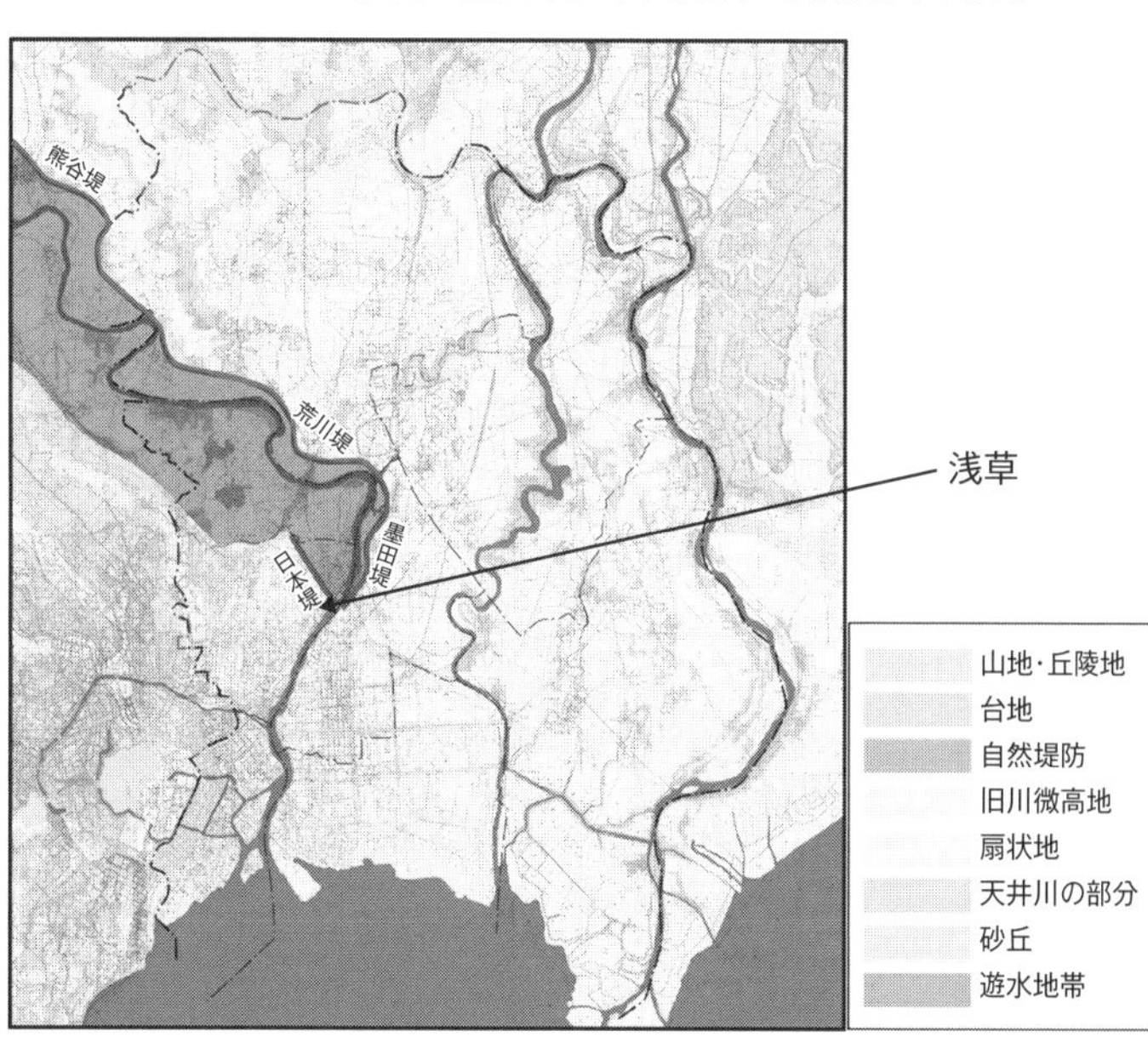

出典：内藤昌著『江戸の町（下）―巨大都市の発展』（草思社）
宮村忠著『隅田川の歴史』（かのう書房）をもとに竹村、松野加筆

た。

（図18−2）は日本堤と一連の墨田堤で江戸を守るシステムを示している。

江戸幕府はハードインフラの整備を行った。しかし、江戸幕府の凄さはこのインフラの整備で終わらない。このハードインフラの上に、ソフトを加味した。そこに江戸幕府の凄さがあった。

吉原遊郭の移転

日本堤と墨田堤が江戸を守る生命線となった。ここが破堤すれば江戸の街は一瞬にして濁流に呑まれてしまう。

堤防はそれを築造する以上に維持管理することが重要である。維持管理が伴わなければ、堤防は弱体化し崩壊していく。堤防は土で造られている。土堤を放置すれば草花があっという間に生える。草花が繁殖すればミミズが発生し、もぐらが穴を掘り巣を作ってしまう。実際に最近でも、表面から1ｍの深さまでもぐらの穴だらけだった堤防の事例もある。

地震や大雨も堤防の大敵である。地震は多くの割目を発生させる。その割れ目を速やかに発見して修復する必要がある。大雨が降れば、堤防のあちらこちらで法面は崩れていく。法面が崩れれば、濁流が堤防を破壊する。これらを一刻も早く発見して、修復しなければ堤防は機能しない。

近代になり明治29年に河川法が制定された。河川を維持管理する河川管理者が定められた。それによって、国と都道府県の河川管理者が堤防を巡視し、維持管理を行っている。しかし、江戸にはそのような河川管理者はいなかった。江戸の生命線である日本堤と墨田堤をいかに監視するかが重要課題であった。

ここで、江戸幕府はある作戦を立てた。江戸市民たちに堤防を強化し、監視させる作戦を編み出した。

振袖火事の後の江戸大改造で注目すべき1つが、日本橋付近の吉原遊郭の移転である。遊郭を移転させた理由は、江戸市内の風紀上の問題と言われている。しかし、そのような理由以上に、幕府はどうしても吉原遊郭を日本堤へ移転させたかった。幕府は遊郭側に夜の営業許可や補償金など有利な条件を提示し、日本堤へ移転させることに成功した。

当時、日本堤は追い剥ぎや辻斬りが出没する寂しい場所であったといわれている。吉原遊郭が日本堤へ移転すると、この堤防の風景は一変した。

遊郭へ行く客は舟で隅田川を上り、浅草の待乳山聖天あたりから、日本堤を歩いて吉原に向かった。一年中、江戸中の男たちがぞろぞろと日本堤を歩いた。日本堤には物売り小屋も建ち並ぶほどであった。そのにぎやかさを、広重は「よし原日本堤」で描いている。(図18-3)がその浮世絵である。

ぞろぞろ歩く男たちは、この日本堤を踏み固めていった。江戸幕府の狙いはここにあった。遊郭を日本堤に移転させ、男たちの足で日本堤を締め固めさせる。行き交う男たちの視線が、堤の変状や不審な出来事を発見し、変状があれば直ぐ役所に通報された。

図18-3　よし原日本堤(広重)

墨田堤でのお花見

日本堤が吉原遊郭で賑わったように、対岸の墨田堤でも人々が賑わうある仕掛けがなされた。

8代将軍吉宗は墨田堤に桜を植えさせた。桜の時期にはそれこそ江戸中から人々が訪れてきた。また、この一帯の寺社は庭を開放して花見の宴を開くことを許した。この江戸市民の墨田堤のお花見は、21世紀の現在まで続いている。

墨田堤に桜が植えられただけではない。その墨田堤の周辺に次々と料亭が誘致され、ついには江戸一番の料亭街が生まれていった。それが向島の料亭街である。墨田堤の周辺は三味線の音が流れ、華やかな芸者たちが行きかうようになった。

さらに、浅草の猿若町に江戸中の芝居小屋や見せ物小屋を集めた。江戸中の芸能が浅草に集中し、江戸文化の花を咲かせていった。今の浅草六区の前身である。

日本堤では吉原遊郭が賑わった。墨田堤の向島では江戸一番の料亭街が繁盛した。初詣、七福神めぐり、三社祭、ほうずき市、酉の市そして隅田川の花火大会など、一年を通したイベントがこの一帯で仕掛けられ、人通りが絶えることはなかった。

江戸は世界で最大の都市となった。それと同時に、浅草は世界最大の歓楽街となっていった。

日本堤と墨田堤にさまざまな仕掛けをした幕府の企みは見事に成功した。江戸市民の往来が堤防を踏み固め、江戸市民の視線が堤防の法崩れや水漏れ穴を発見した。

江戸を守る日本堤と墨田堤というハードインフラは、江戸市民の文化というソフトウェアに守られていった。

19 明暦火災後の復興事業

壁がない日本の都市

歴史の中のユーラシア大陸と日本の都市は大きく異なっている。ユーラシア大陸の都市は王の物である。襲ってくる騎馬軍団に対して武装して戦う城でもあった。人類初めてのメソポタミヤ文明が誕生して以来、ユーラシア大陸の人々は、外敵から防御する城壁を造り、その中で文明を構築していった。「都市」と「城」は同義語にもなっていた。

世界史で多くの都市が誕生し、消えていったが、異彩を放っているのが日本の都市である。

日本列島で奈良の平城京、京都の平安京そして大坂・江戸の都市が生まれていった。この日本列島には騎馬軍団で襲ってくる異民族はいなかった。そのため平城京、平安京、そして大坂や江戸の周辺には壁がなく、外周に向かって無防備に膨張し、とめどもなく広がっていった。

ただし、日本の都市には内部に敵を抱え込んでいた。その内なる敵とは災害であった。

土と木と紙の都市、江戸

ユーラシア大陸の主要な都市周辺は、乾燥地帯が多く、豊富な岩石が分布していた。その豊富な岩石で城壁を建て、城壁の中に権力者も市民も一緒に入って都市を形成していた。

それに対して、日本列島は北緯35度前後の温帯モンスーン帯に位置し、春から冬にかけて一年中、海から雨が運ばれてきた。そのため、この列島は湿度が高く植生豊かであり、木はどこでも手に入った。日本人は、夏の蒸し暑さをしのぐ知恵から、木と紙の住居を進化させた。

住居だけではない。木と紙で都市まで造り上げてしまった。木と紙の都市は燃え、火は一気に広がる。そのため、江戸の歴史は、火災の繰り返しであった。街は何度も大火災に遭い、そのたびに造り直されていった。

特筆されるのが、明暦の大火災、いわゆる振袖火事であった。江戸幕府開府から半世紀経った1657年（明暦3年）1月、本郷からの出火は、折からの強風に煽られ、江戸中をなめ尽くした。武家屋敷、民家はもとより、江戸城の本丸、天守閣まで焼き尽くした。

約10万人の焼死者を出す日本史上、最悪の災害となった。関東大震災の死者数約6万人、東京大空襲の死者数約10万人と比較して、いかに悲惨な火災だったかが分かる。

この江戸の明暦火災が日本の都市造りの原点になり、日本の都市計画の骨格を形作った。

この火災の復興事業は江戸幕府の重臣、保科正之によって指揮された。災害復興事業は、単なる災害復興に終わらず、本格的な都市再開発となった。

密集していた武家屋敷地域の解消のため、大規模な区画整理が行われた。

移転する住居群の代替地として、隅田川の川向こうの下総の国が当てられることになった。そのため、隅田川に橋を架けなければならない。武蔵の国の江戸は下総の国を結ぶ両

図19-1　下谷広小路（広重）

国橋によって、隅田川左岸が江戸に組み込まれていった。

街路で注目すべき事業が行われた。主要な街路はそれまで6間であったが、9間へと拡幅された。また、火除け空き地として、上野、両国、など各所で広小路が設置された。

神田川改修や多くの新堀の開削が行われた。それは、防火帯の役目と、舟運による物流目的と排水の治水目的を持っていた。

密集した日本橋近くにあった吉原遊郭も、浅草の先の日本堤へ移転させられた。

何年か後には、町屋の屋根は耐火性の瓦に規制された。（図19-1）の広重の絵では、幅広い上野広小路と商家の屋根の瓦が描かれている。

この明暦火災の復興では、近代日本の都市計画の原則は、ほとんど取り込まれていた。特に、この江戸の都市復興での街路の拡幅に関しては驚くべき高度な内容を含んでいた。

それは、20世紀末の大災害、阪神淡路大震災で証明された。

▒阪神淡路大震災での証明

1995年1月17日、阪神淡路大震災が発生した。死者6400人という戦後最悪の地震災害となった。

この災害は従来の災害と大きく異なっていた。それは、テレビを視る全国民の前で、惨事が展開されていったことであった。

余震が続く中、神戸市長田区を中心として、次々と火の手が上がっていった。高速道路が倒壊し、電柱が倒壊しているので、消防車は火災現場に到着することができない。もし、到着したとしても、水道管は破裂し、消火ができる状況ではなかった。バケツを持って消火に向かう人々もあった。しかし、延焼していく炎の前では、悲しいほど小さな存在に映っていた。燃え上がり、延焼していく炎を、疲れ果てた人々は呆然と立ち尽くし、見守るだけとなった。

全国民もテレビの前で、固唾を呑んで見つめていた。後から知ったが、私たちが見ていたその炎の中で、多くの人々が閉じ込められ命を奪われていた。

▒火災の延焼と街路幅との関係

この災害後、国土交通省（旧・建設省）は現地調査に入っていった。その調査の結果の1つが、（図19-2）である。火災の延焼と街路幅との関係であった。

これによると、街路幅4m以下の地区で、火災延焼率は90％に達している。街路幅6〜

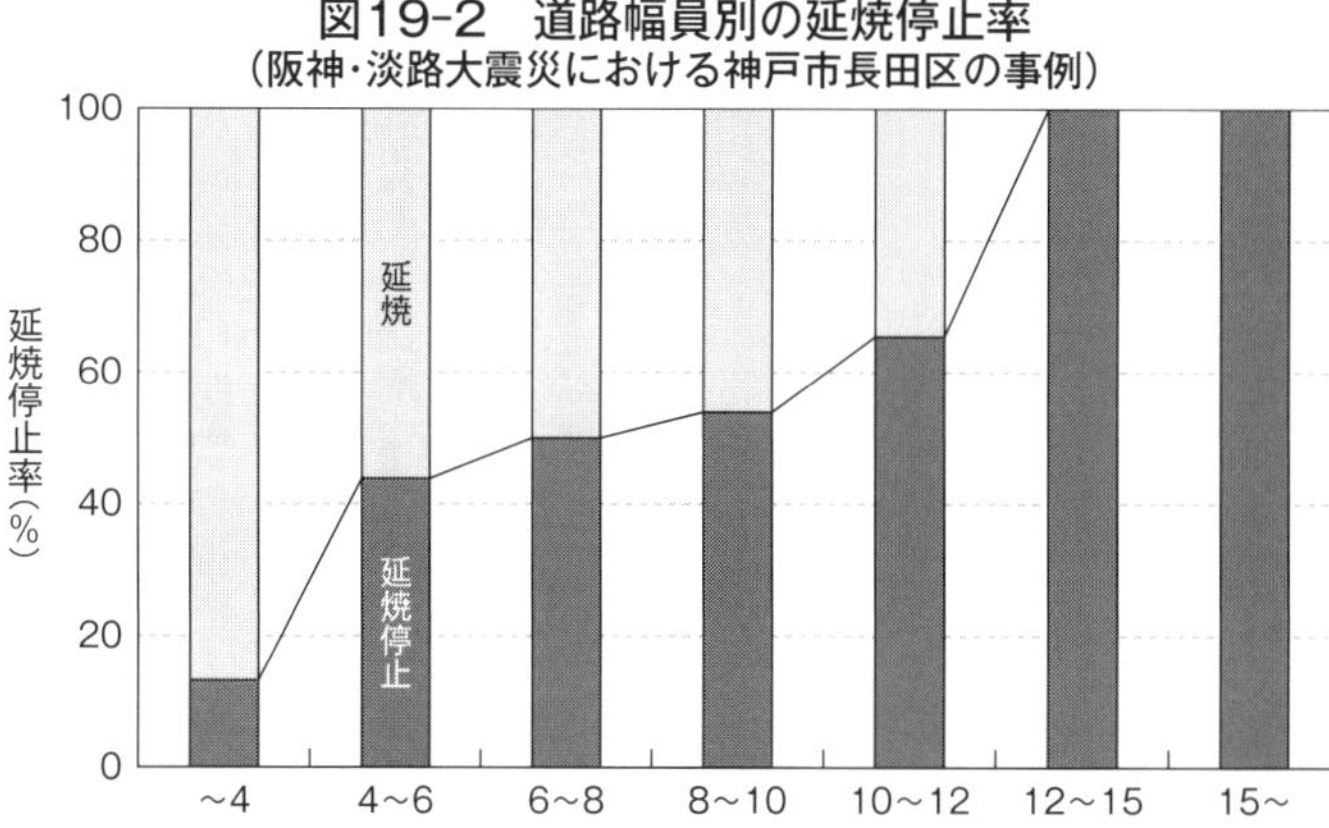

図19-2　道路幅員別の延焼停止率
（阪神・淡路大震災における神戸市長田区の事例）

注：ただし、当時は無風状態であったこと、発火箇所、延焼方向を考慮していないため、延焼停止線の形成が他の要因による可能性があることも留意。
資料：建設省

8mになると延焼率は50%に低下し、街路幅12mになると、延焼はもう発生していなかった。

あの時、火災の煙はほぼ真っ直ぐ上昇していた。（図19－2）は、ほぼ無風時の火災延焼率と街路幅の関係を表している。このグラフは、区画整理事業の重要性を的確に指し示している。木造住居を好む日本の住宅地で、街路は単なる自動車の交通の空間ではない。延焼を防ぐ防災上の重要な役割を背負っていた。

それを、計画的に実施したのが、江戸の明暦火災後の復興事業であった。

明暦火災の復興事業では、街路幅を6間から9間に広げた。つまり10・9mから16・3

mへ拡幅したのである。

江戸時代の住居建材は燃えやすかった。さらに、明暦火災では風が強かった。それを考慮に入れると、明暦の復興工事は、阪神淡路震災で得られた(図19-2)の結果を先取りしていた。

明暦火災の復興事業は、優れた都市づくりの思想と科学性を持っていた。

災害と生きる都市

日本は世界でもまれに見る災害大国である。地震、津波、火山噴火、台風、豪雨、豪雪、高潮、渇水、竜巻、地滑り、土石流、と地球上の災害で、日本にない自然災害はない。

人為災害でも、日本は図抜けている。人類で日本人だけが2度も原爆を受け、未曾有の絨毯爆撃の東京大空襲も受けてもいる。2011年3月11日の東日本大震災では原子力発電所の大事故も経験している。

21世紀になっても、日本列島を取り囲む災害の状況はまったく変わっていない。首都直下や東海沖の巨大地震は、必ず日本列島を襲ってくる。何時、襲ってくるかが分

図19-3　世界における日本国土と活火山・大地震

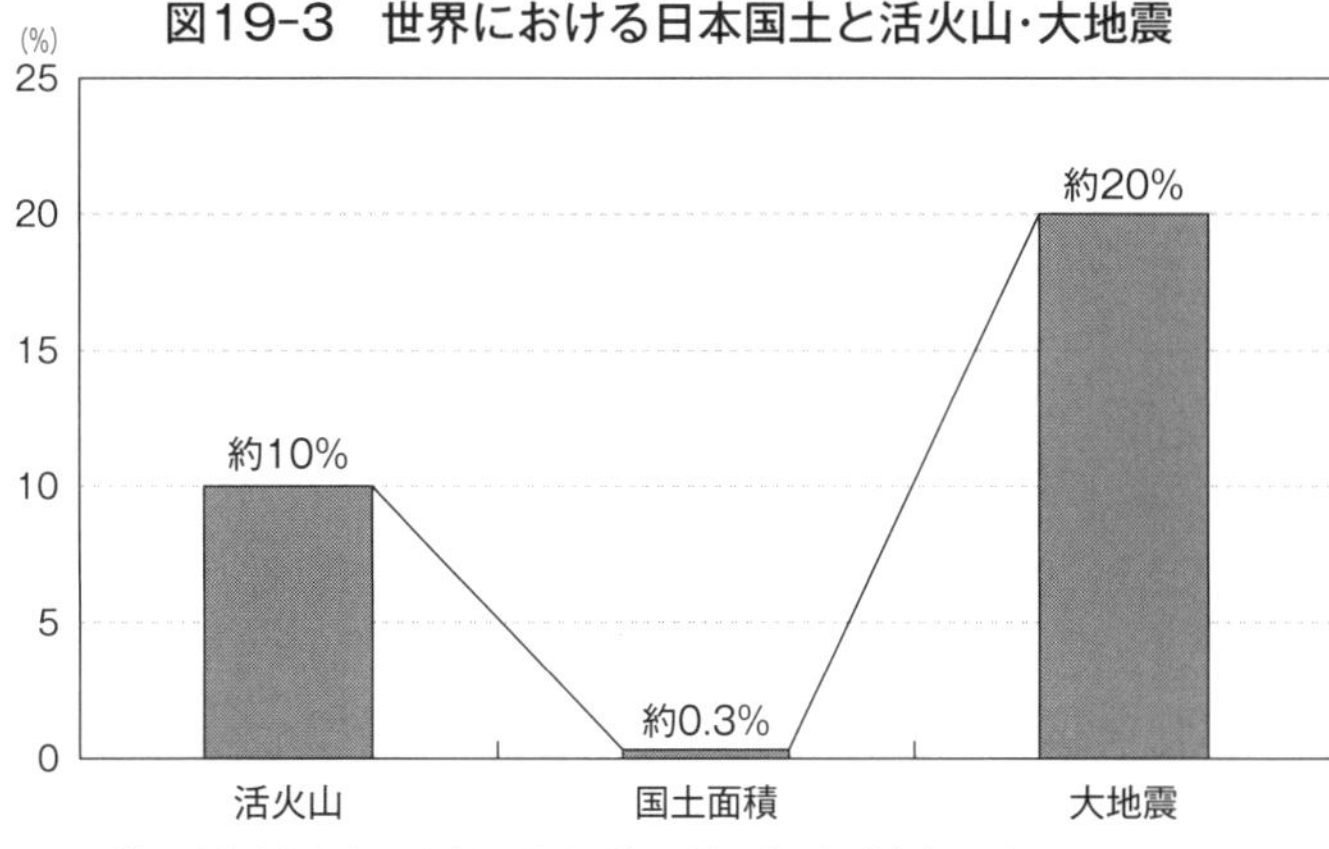

＊国土面積は、南極大陸を除し、地球上の陸地面積に対するもの（理科年表より）
＊世界の活火山約800に対して、日本の活火山数は86（参考：火山の事典〈朝倉書店〉等）
＊大地震は20世紀（1901年～1994年）におけるマグニチュード8.0以上のものとした。
世界計は47回、うち日本付近計8回（参考：火山の事典〈朝倉書店〉）

からないが、確率１００％で襲ってくる。

（図19－3）は地球陸面積の０・３％しかない日本列島が、地球上の巨大地震の20％を受け持ち、活火山の10％を受け持っていることを表している。

地震の度に、日本人の命は何千人、何万人と奪われていきた。理科年表で調べればすぐ分かる。過去４００年間、日本は数限りない地震災害に襲われている。20世紀だけを見ても、地震と津波で１千人以上の犠牲者をだした災害は、約10年に１度の割合で発生している。

いつかは必ず大災害は我々を襲ってくる。そのような災害列島に、我々と子孫たちは生きていくこととなる。

日本は災害列島である。かといって、懸命に日々の生活を送っている人々に、災害を考え、災害に備えろ、といっても無理な話である。そのような人生の深淵を日常生活で覗きながら生きることなどできない。人間はそれほど強くない、だから、忘れて生きていくしかない。

そのため防災の責任は、都市をつくる人々が、一身に背負っていかなければならない。なぜなら、日本列島が災害列島であることを知っているのは、都市をつくる人たちであり、その人たちは、災害の犠牲を最小限にする方法も知っている。

災害列島に生きる日本人の生死を握るのは、安全な国土と都市をつくる人たちの英知と努力にかかっている。

インフラ整備、都市づくりに携わる人々の責任は大きい。それは行政だけを意味しない。民間の都市開発者、宅地建物業界も連携して負っていかなければならない。

西洋や中国の都市は、外敵から共同体を守るために外壁をつくった。街路は戦いのため、馬車や牛車が疾走するために計画されつくられた。

日本の都市は、内なる敵の災害から守るため、外周へ膨張していった。街路は、市民の命と生活を守るために計画されつくられていった。

世界文明と日本文明の都市の誕生の底辺に流れる思想は異なっている。

広重が描いた上野広小路は、稽古場のお師匠さんが女弟子たちと上野の花見へ行く様子である。通りすがりの男たちがその行列を冷やかしている。災害を乗り越えていく江戸の街を、広重は軽やかに描き記録していた。

20 日本列島の旅とは歩くこと

■中国、韓国との比較

１９８２年、ある日本人論が世に登場した。韓国の李御寧（イー・オリョン）先生の『「縮み」志向の日本人』である。出版されたころ、日本はまさに高度経済成長の真っ只中で、経済大国に向って驀進していた。当時、梨花女子大学教授だった李御寧は、この本で日本人にちょっとした衝撃を与えた。各新聞の書評で取り上げられ、山本七平氏などに絶賛された。

まず、この本の冒頭に驚かされる。日本の知識人の代表である『甘えの構造』の土居健郎、歴史家の樋口清之、そして日本文明論の第一人者である梅棹忠夫を一刀両断に切ってしまうのだ。

土居さんの主張する「甘え」は日本独特のものではない。韓国のほうがより深く「甘え」は人々の精神構造に関与している。樋口さんの言う、海藻を食べるのは日本だけではない。韓国も中国も同じである。梅棹さんの言う、人の排泄物を有機肥料するのは、日本だけではない。韓国も中国も有機肥料で生きてきた。

日本人による日本人論や日本文明論は、みな欧米との比較になっている。その比較では、日本人、中国人そして韓国人をまとめた東洋人と欧米人の比較になってしまう。日本文明や日本人を考察するには、欧米との比較ではだめだ。隣国の中国や韓国との比較が大切だ。

中国人と韓国人と比較して異なっている点があれば、それこそ日本人の真の特徴となる。

では、中国人や韓国人と異なる日本人の性向とは何か？

それは、日本人は何でも「縮め」てしまうことだ。

▒縮めることが好きな日本人

李先生さんは言う。日本人の最大の特徴は「縮める」こと。日本人は細工し縮めることが本当に好きだ。

図20-1　団扇（中国様式）を扇子に縮めた

ユーラシア大陸から入ってきた丸い団扇を、いつの間にか扇子に縮めてしまった。そして、それを世界に逆輸出してしまった。大正年代、西洋から入ってきた長い傘を、小型の短い折りたたみの傘にした。それも世界に逆輸出した。

世界最小のオートバイクも作ってしまい、室内のステレオを、歩きながら聞けるウォークマンに縮小してしまった。大きなコンピューターを作ったのはアメリカだった。しかし、日本人がそのコンピューターを個人の電卓に縮めてしまった。

大自然を庭の中に縮め込んだ日本庭園、大きな木を縮めた盆栽、四畳半の茶室、テーブル一杯の食事を小さな箱に詰め込んだ幕の内弁当、さらに飯を縮めたおにぎり、詩を短く削って遂に17文字にしてしまった俳句など、挙げだしたらきりがない。

物を縮める日本人こそ、中国人、韓国人いや世界の中の人々とまったく異なる性格である。

以上が、李御寧先生の主張であった。

なぜ、これほど日本人は物を縮めるのか?

答えは『「縮み」志向の日本人』に記述されてない。ただし、本書の「あとがき」で李先生は興味深い記述をしている。

「水源が分からなくとも、現に川の水はわれわれの前を流れている」「何故、そうなったかという原因を掘り下げる文化の因果批評よりは、それがわれわれの前にいかに現れているかという、現象そのものに対して深く考える視角が欲しい」と本文中と「あとがき」で繰り返し記述している。

この記述は「なぜ、日本人は縮めるのか?」の原因を解明できなかった率直な表明でもあった。

この本を読んだ当時、私はダム建設の現場で働いていた。興奮して読み終わった私は、李先生から謎を投げられたような思いを持った。もちろんその時に回答など出せなかった。投げかけられた謎は、心の中に大きく居座ってしまっていた。

20年後、ついにその答えを見つけた。答えは広重の東海道五十三次にあった。

荷物を背負って歩く日本人

広重の東海道五十三次「日本橋・朝之景」は誰もが一度は見ている。朝早い日本橋を渡る大名行列が描かれている。

大名行列の先頭は、大きな荷物を担ぐ2人の足軽だ。足軽は下を向き、担ぐ荷物はいかにも重そうだ。殿様の着替えや国元の土産や大切な書類が詰まっているのだろう。今から何百キロも遠い故郷に向って、ただひたすら歩いていかなければならない。大名行列には荷物を運ぶ牛や馬はいない。荷物はすべて足軽たちが背負っていた。

大名行列だけではない。（図20−3）は江戸の増上寺の通りを歩く人々の旅姿である。僧侶も町民も女性も自分の物は自分で担いでいく。かれらは朝早く起き、日が暮れるまで、荷物を担いで歩き続けた。

図20-2　日本橋・朝之景（広重）

南北に細長い日本列島は、いくつもの海峡、縦走する脊梁山脈、そこから流れ出る無数の河川によって分断されていた。日本列島の人々の旅とは、歩くことであった。日本列島の地形が、人々に牛馬の利用を許さなかった。

日本に比べ、ユーラシア大陸の人々は大陸を車で疾走していた。モンゴル帝国、ローマ帝国、中国の秦帝国、イスラム帝国の人々は、荷物を馬や牛やラクダに乗せて大陸を疾走していた。

日本人だけが、自分で荷物を背負い歩き続けていた。

図20-3　芝神明増上寺（広重）

■いかに荷物を小さく、軽くするか

荷物を背負って歩き続ける人たちは、いったい何を考えていたのか。間違いなくある考えに集中していた。

それは「いかに荷物を小さく、軽くするか」であった。

余分なものを持たないことは当たり前だ。どうしても必要なものでさえ、1㎜でも小さく、1gでも軽くしたい、と考えて歩き続けていた。小さく軽いことは、自分の命を助けてくれることとなったからだ。

同じ移動するにしても、馬や牛に荷物を任せてしまう人々には、そのような考えは湧かない。自分で荷物を負い、自分の足で長時間歩き続ける人々のみが、このような思いに追い込まれていった。

なにしろ、軽くて小さいものは、自分の命を助けてくれるのだから。

その日本人たちに、ある大切な価値観が生まれていった。

日本人はいかに軽くするかを競って工夫した。その工夫は、旅の前も、旅の最中も、旅が終わってからも続けられた。

物を小さく縮める方法を見つけた者は、人々から絶賛を浴び、一瞬の英雄となった。そして、その縮めた物はあっという間に日本中に広まっていった。しかし、縮小を発見した者の名前は、英雄として歴史上には記録されることはなかった。なぜなら、その知恵は、荷物を担ぎ歩く日本人全員のものだからだ。

日本人にとって、物を縮め、小さくし、軽くすることは、何事にも代えがたい価値となっていった。

細工して、細かくする。凝縮して小さく詰め込む。細工しないものは「不細工」と非難した。詰め込まない人は「詰まらない奴」と侮蔑された。

日本人の「縮み」志向は、美意識にまで、いや、道徳にまでなっていった。

民族が共有している行動の性向や精神構造の遠因は、それほど複雑ではない。自分たちが住んでいる地形と気象に適応して生きていくことにあった。

■エネルギーを最小にする社会へ

未来社会において、地球規模の環境悪化は進展し、エネルギー資源は厳しい制約を受けていく。これは100%間違いがない。この未来世界において、エネルギーを最小にする持続可能な社会の構築は不可避である。

その持続可能な社会は、人々の倫理や道徳では決して達成されない。なぜなら、倫理や道徳が有効なのは、その倫理や道徳を共有している限られた共同体の内部だけだからだ。

今ある危機は地球規模である。この地球には無数の共同体がある。無数の共同体が関係する局面で、倫理や道徳を持ち出すと、問題を複雑にして迷路に入りこんでしまう。地球規模の環境問題や資源問題の解決には、倫理や道徳から最も遠い武器が必要だ。

倫理や道徳に最も遠い武器とは「技術」である。

日本人は「かわいい」と言っては、小さなものを愛した。かわいいものを作るため、細工して詰め込み、縮める技術を生んできた。この縮める技術こそが、エネルギーを最小にする。それが持続可能な社会を可能にする。

21世紀の人類の航海の羅針盤は、小さきものを愛する日本文明となる。日本人の航海の羅針盤は、日本文明を創ってきた自分たち自身に確かな視線を向けることである。

21 断崖絶壁の江戸文明

■幕末に広重が描いた風景

文明の興亡は常にエネルギーと連動している。その象徴が、最古のメソポタミヤ文明が生んだ人類最初の物語「ギルガメッシュ叙事詩」である。英雄のギルガメッシュが森を守る妖怪を倒し、都市のために森林を伐採するというものである。

人類とエネルギーの関係は何千年たっても変わりない。つい160年前の日本の幕末を見れば分かる。それを広重は描いていた。

江戸繁栄の秘密を広重は「大はしあたけの夕立」で描いている。（図21－1）の絵の激しい夕立に目を奪われて、つい見落としてしまうのが遠くの川面を進んで行くタンカーである。もちろん、大川を行くのは、タンカーではない。筏（いかだ）である。

図21-1　大はしあたけの夕立（広重）

広重は大都市・江戸に注入されるエネルギーを描いていた。秩父の山々から切り出した木材が、筏にされて江戸まで運搬されていた。秩父だけではない。江戸は全国中の山々の木材を集めていた。

しかし、木々だけに頼っていた日本は、森林枯渇という事態に追い詰められていた。広重はその江戸時代のエネルギーの危機も記録していた。

■東海道の山々の荒廃

東海道新幹線で東京から浜名湖を過ぎると、愛知県の渥美半島の根元の緑豊かな二川(ふたがわ)あたりを過ぎ去る。広重はこの二川で、おかしな光景を描いている。

(図21-2)は東海道五十三次の33番目の二川宿の「二川・猿ヶ馬場」である。名物の柏餅の茶屋の前を3人の瞽女(ごぜ)が行く。瞽女とは、三味線を弾いて各地を巡る盲目の女性たちのことである。

その3人がおしゃべりをしながら楽しそうに歩いている。社会的弱者がこのように屈託なく旅をしていた。日本は何と治安のよい国であったのだろうか。しかし、この絵はなにか変だ。それは、背景に描かれた二川の光景であった。

図21-2　二川・猿ヶ馬場（広重）

この絵の背景はポツンポツンと背の低い松が生えているだけだ。この荒涼とした光景は、現在の三河の緑豊かな姿とは天と地の差がある。

改めて、広重の東海道五十三次に描かれた背景に注意を払うと、このように荒涼と描いた場所は二川だけではない。

神奈川、保土ヶ谷、平塚、大磯、小田原、箱根、岡部、大井川、舞坂、日坂、白須賀などの山も丘も、ぱらぱらと松の木が生えているだけだ。

26番目の日坂宿の中山峠などは、極端な禿山となっている。二川は本陣がある宿場町だったので、原っぱは馬場としても利用できただろう。しかし、中山峠などは単に荒廃した山でしかない。

21世紀の現在、東海道新幹線から見る山は、どこも鬱蒼と緑が茂っている。箱根の山の険しさを誇張して岩肌を描いたなら分かる。しかし、東海道筋の山や丘をすべてこのように描いたのは、誇張にしては異常である。

やはり、広重が描いたとおり、当時の東海道筋には鬱蒼とした木々はなく、貧相な植生の禿山だったと考えられる。

燃料としての材木の需要増

17世紀初頭、徳川家康が150年間の戦国の世を制した。その後の260年間、日本から戦塵は消え平和な時代が続いていた。三代将軍家光は鎖国を大名たちに強いた。この鎖国によって、日本人の力は外へ向わず、国内の国土開発へ向った。各地で河川改修が行われ、雨のたびに水が溢れていた湿地は農耕地へと生まれ変わり、干潟は埋め立てられ新田となっていった。

新たな耕作地の誕生で収穫が上がると、1200万人だった人口は、江戸中期には3000万人に膨れ上がった。

日本の人口が3000万人に急増しただけでない。大消費都市・江戸も爆発的に膨張していった。全国からの流入が続き、江戸中期には50万人を超え、1800年代には100万人を超す世界最大の都市となっていた。

江戸時代、日本列島に住む日本人たちは移動を繰り返していた。300諸侯といわれる大名たちは、1年おきに、江戸と国許を往復する参勤交代を行っていた。何百人、何千人という規模の大名行列や民衆が、街道をひっきりなしに移動していた。

宿場では多く旅人たちが風呂に入り、暖を取り、朝夕の食事を摂った。宿場町は燃料の大消費地であった。食材は旅の途中で入手できたが、燃料の木は重たくてかさばる。そのため、旅人が自炊する安宿も、燃料の木だけは宿主が旅人へ売った。安宿の代名詞「木賃宿（きちんやど）」もここからきた。

全国の人口膨張と江戸の膨張そして人々の往来には、多くの食糧と燃料が必要であった。食糧は新田開発でどうにか対応できた。しかし、燃料の森林を簡単に増すわけにはいかない。燃料を海外から注入しなかった鎖国下の日本社会は森林を次々と伐採する以外になかった。

文明が膨張して、その規模がエネルギー供給能力を超えれば、いつかエネルギーは枯渇していく。日本文明の膨張は森林の再生限界を超え、森林の衰退を招いていった。

森林の衰退は、それほど遅くはなかった。江戸中期にはその森林の衰退は始まっていた。

■全国の森林が消失する危機

天竜川流域の下伊那地域は、豊かな森林地帯であった。徳川家康は天下を取ると、この地を支配していた豊臣勢を他所に移封させた。天竜川流域を徳川幕府の天領とした。

天竜川流域は、江戸への木材供給の第一級の基地となった。この天竜川の木材供給のデータを、米国の歴史家のコンラッド・タットマンは『日本人はどのように森をつくってきたか』で記載している。

それによると、1600年代から天竜川から木材は供給されている。1680年には木材供給量は16万本となり、1700年には33万本のピークを示している。その後、1720年には23万本に減じ、1750年には4万本へ激減し、1770年には1万本にも達していない。それ以降、江戸後期には、天竜川からの木材供給の記録は消えている。(図21-3)でその変遷を示した。

図21-3 天竜川流域 木材伐採量の枯渇

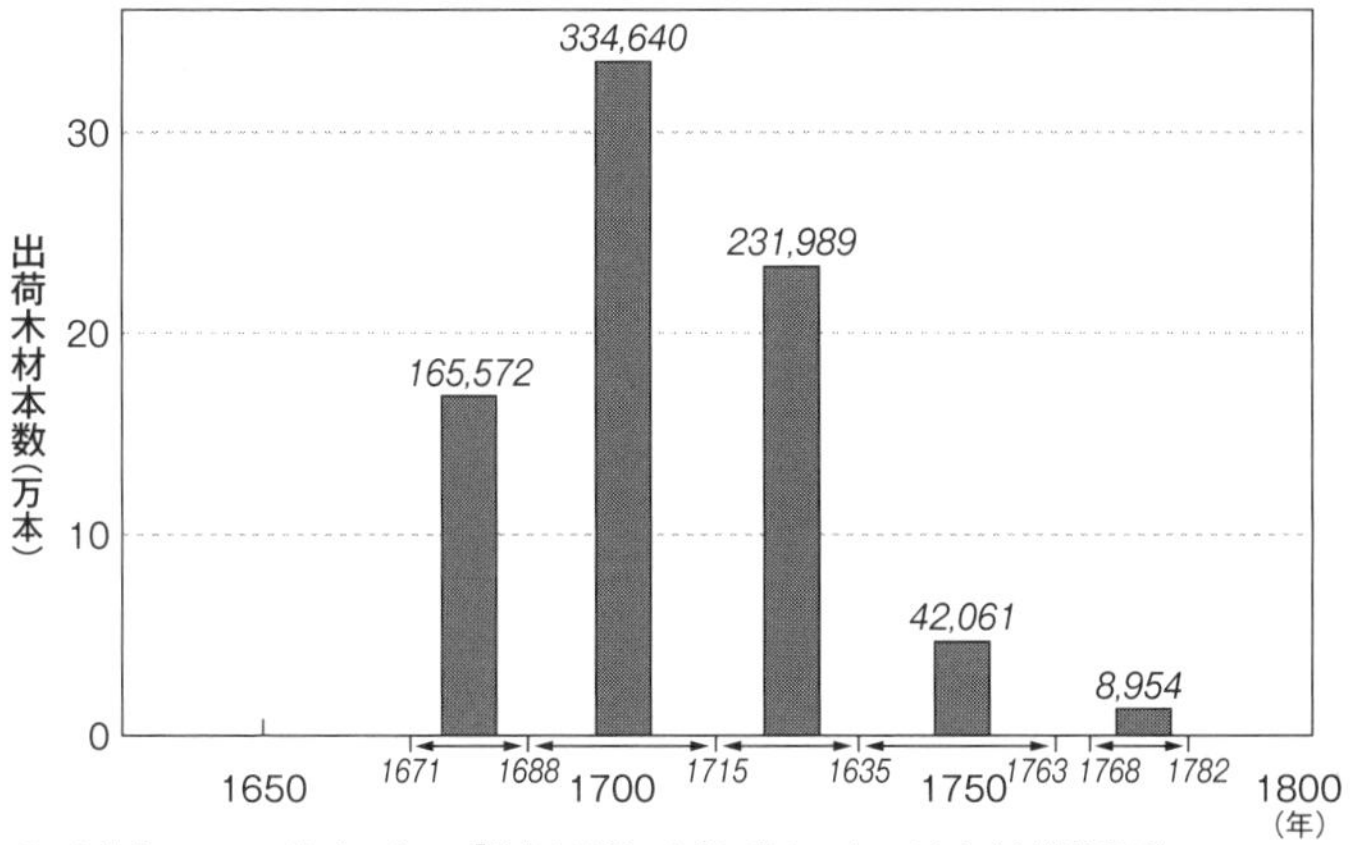

出荷木材本数(万本)
30
20
10
0
334,640
231,989
165,572
42,061
8,954
1671 1688 1715 1635 1763 1768 1782
1650 1700 1750 1800
(年)

データ出典:コンラッド・タットマン『日本人はどのように森をつくってきたか』(築地書房)
作図:竹村・松野

厳しく管理された天領の天竜川でさえ、このように森林の衰退と山地の荒廃を招いた。ましてや、天領でない土地や街道筋の木々は次から次へと伐採されていった。

広重が東海道五十三次を描いた頃、日本列島の山々の丘の木々は伐採され尽くされ、無惨な姿をさらしていた。

後に、神戸港に入港した外国人たちは、六甲の禿げ山の凄まじい光景に息を呑んだと伝わっている。それは神戸の山々だけではなかった。九州、四国、中国、近畿、中部、関東、北陸、東北とあらゆるところで森林は伐採され、山の斜面は崩壊し、土石流となって流失していった。

明治に入り、オランダから土木技術者たちが治水指導で来日した。彼らが指摘したことは、まず山の土砂流出を止めることであった。そのために、砂防ダムを建設し、斜面崩壊を防止する治山工事を行う。その指導は全国各地で繰り返し行われた。

日本史が大きく転換するときには、いつも森林消失という事態が深く関わっていた。

8世紀末、奈良盆地は森林を失ったため、桓武天皇は平城京から淀川流域の平安京へ遷都した。17世紀初頭、西日本一帯の森林は消失していたため、徳川家康は関西を背にして、広大な森林を持つ利根川の江戸に幕府を開いた。

日本文明は、森林消失の危機を都を移すことでしのいできた。

江戸末期、日本列島全体の森林が荒廃してしまった。そのため、日本文明は都を移す得意技を封じられた。

日本文明は絶体絶命の崖淵に立たされた。

■化石エネルギーとの邂逅

1853年、米国のペリー提督が4隻の黒い軍艦を引き連れ浦賀沖に姿を現した。

日本にとってこの衝撃的な出来事は、幕藩封建体制から中央集権の国民国家への転換で語られる。しかし、黒船来航は社会政治体制の転換という以上に、日本文明の決定的な転換点となった。

それは、日本文明と化石エネルギーとの邂逅であった。

それ以前のエネルギーは木であり、陸上の動力は牛と馬であり、海上の動力は、風と潮流であった。和船はせいぜい50トン級であったが、黒船はそれをはるかに上回る２５００トン級で、地球の裏側から大海原を平然と渡ってきた。その黒船の動力は石炭の蒸気機関であった。

黒船の西欧文明は、日本に化石エネルギーを運んできた。森林を消失していた日本にとって、黒船はエネルギーの救いの神となった。

日本文明は今降り注いでいる太陽エネルギーの森林エネルギーに別れを告げ、地球が何億年もかけて貯めた太陽エネルギーの缶詰の蓋を開けることとなった。

近代の幕が開かれようとしていた。

番外編

地形が生んだ「日本将棋」

日本人の最大の特徴は、モノを小さく縮めてしまうこと。小さいものを愛すること。日本人の小さきものへの愛着は世界の中でも際立っている。同じ東洋人の中国人、韓国人たちは大きいものを愛する。ソウルや北京で車を見ていると軽自動車など走っていない、セダンばかりだ。一方、日本では小さな軽自動車が何台も幅をきかせて走っている。生活に溶け込んでいるモノで、日本人が作ったモノと世界中の人々が作ったモノと決定的に異なるものがある。戦争の盤上ゲームの「日本将棋」である。

■世界中に存在する盤上ゲーム

戦争を模した盤上ゲームはヨーロッパのチェス、インドのチャトランガ、タイのマックルック、中国の象棋、日本の将棋など世界中に数多く存在する。

この起源の説はさまざまあるが近年の定説では、紀元前にインドで誕生して世界中に広まったとされている。

初期のゲームは相手の駒を取って、そのポイントを競ったものといわれている。もちろん、このゲームは賭博であり、世界中の賭博好きの人類の間に広まっていった。

伝播方法は陸上伝播説と海上伝播説がある。盤と駒の立像のカサを考えると、馬やラクダの背中に乗せて運んだ陸上伝播説より、船旅の時間つぶしの賭博で海上伝播したという説が腑に落ちる。

以前、印象深いテレビドラマの場面があった。ＮＨＫの特別ドラマ「坂の上の雲」の、清国の旗艦「定遠」の艦内の場面であった。汚い艦内で、兵隊たちが時間つぶしの象棋をしていた。テレビドラマの脚本家は、だらしなく象棋賭博をしている清国兵隊たちの士気の低さを表現したかったのだろう。しかし、私には象棋の海上伝搬を表現していると思えた。

■孤立している日本将棋

現在、世界中におおよそ百種類ほど盤上戦争ゲームがあるといわれている。それらを大まかに区別すると、99対1に分けられる。99は世界共通の「チェス型」である。孤立している1は日本の「日本将棋」である。

日本将棋だけが世界共通のチェス型と異なるルールで21世紀に至っている。日本将棋だけの特異なルールとは「敵の駒を取ると、その駒を自軍の駒として使用できる」持駒使用である。このルールは世界の他のゲームにはなく、日本将棋だけのルールである。

日本将棋のこのルールの理由は「日本人は降伏すると、すぐ敵陣に寝返るから」と酒席で面白おかしく語られる。しかし、世界の戦いの歴史を見れば、降伏すれば敵陣に編入されたり、敵が味方になったり、味方が敵になるのは日常茶飯事であった。決して日本独自の現象ではない。

なぜ、日本将棋だけが持駒使用のルールになったのか?

その謎に挑戦したのが、木村義徳九段であった。

1996年から「将棋世界」に連載された「二千年の将棋史」に加筆訂正を加えて、2

001年『持駒使用の謎』が日本将棋連盟から出版された。

木村氏はプロの棋士であり文才豊かな教養人でもある。その木村氏は歴史的事実と各国の将棋ゲームの駒の働きの強弱の類似に注目して、世界のチェス系と日本将棋の歴史を解明している。駒の働きの強弱に注目したところは、人には真似できないプロ棋士ならではの視点であった。

木村九段の著書『持駒使用の謎』の記述はほぼ時系列になっている。これを要約参照して木村九段の説を紹介する。

紀元前3世紀ごろ、インドで盤上の戦争ゲーム・チャトランガが誕生した。その盤上ゲームは「立像」で敵味方を「色分け」していた。

インドから東南アジアそして中国と日本へ伝わった。西に向かってアラブからヨーロッパへと伝わった。日本に到着したのは6世紀ごろで、この最初の世界への伝播を「第1波」と呼ぶ。

その後、タイのマックルックで1つの改良がなされた。「歩の成り」である。立像では裏返す「成り」はできない。そのため歩の駒だけを平らの駒にしたのだ。このタイでの改

写真22-1　タイのマックルックを楽しむ人々

出典：Wikipedia

良が中国、日本に伝播され、これを「タイの波」と呼ぶ。

（写真22-1）はタイのマックルックである。全体の駒は立像だが、歩だけが平らな駒になっているのが分かる。

第1波とタイの波を受けて極東の海に浮かぶ日本で、独自の将棋の進化が開始されていった。

日本に到達した将棋は、早くも6～7世紀ごろ「立像から駒型」となった。立像の形で表わされていた王や軍馬や歩兵は漢字で表わされた。さらに、敵味方の区別は色区分ではなく、駒を五角形にして尖った先が進む方向を表わすこととなった。

（写真22-2）がチェスの立象であり、日本

写真22-2　チェスの駒

出典：Wikipedia

写真22-3　紙将棋

将棋の駒では、五角形の木片に漢字で書かれている。「駒型」で「漢字」で書かれ、敵味方は「五角形の方向」で表わす日本将棋の道具の改良から、将棋独特の「持駒使用」ルールが生まれることとなった。日本将棋の道具の改良が、日本将棋のルールの進化につながった。ルールの進化があって道具が変わったのではない。道具が変わったからルールが変わった。

以上が、木村九段の推理の主要な部分である。

なぜ立象が駒形へ?

木村九段の推理は合理的である。しかし、私が一番気になっている謎が解かれていない。

その謎とは「なぜ、立像が駒型になったか?」である。

日本将棋の進化はすべて「立像」から「駒型」になったことから開始された。そのため「なぜ、立像が駒型になったか?」は解明される価値がある。木村九段もこの点には少し言及している。「日本は辺境の後進国であったため、まだ木簡を多用しており、これは駒型のために絶好の素材であったであろう」としている。他の部分は縦横無尽の論理を展開しているのに、この部分の結語に至った根拠の具体的な説明はない。

「ルールの進化があって道具が変わったのではない。道具が変わったからルールが変わった」という指摘は実に鋭い。文化と呼ばれているものの本質を突いている言葉である。

なぜ、立像が駒型に変わったのか？

その問いへの答えは、将棋の世界にはない。

将棋という狭い世界ではなく、日本人そのものに答えがある。その答えは、日本人のモノ作りへの本性に根ざしているからだ。

日本人のモノ作りの本性とは「縮める」ことにある。

１９８２年、韓国の李御寧先生は名著『「縮み」志向の日本人』で、日本人は何でも縮める、と指摘した。日本人は何でもモノを縮めてしまう。しかし、李御寧氏は「なぜ、日本人はモノを縮めるのか？」の理由はついに述べることはなかった。

李御寧氏の指摘から20年後、私は建設公論社『建設オピニオン』平成19年10月号で日本人がモノを縮める謎を解き発表した。その謎の解を解くきっかけになったのが、先に紹介した広重の「日本橋・朝之景」であった。

■歩く日本人の細工と詰め込み

広重は「日本橋」で朝早く故郷へ向かう大名行列を描いている。行列の先頭の足軽は、重い荷物を担ぎ、下を向いて黙々と歩いていく。もちろん江戸以前の大昔から、日本列島の人々は荷物を担ぎ歩いていた。

細長い日本列島の中央には険しい脊梁山脈が走っている。その山々から無数の河川が太平洋と日本海に流れ下っている。平野といえば縄文時代には海だった所に、川の土砂が堆積した湿地帯の沖積平野であった。

険しい地形と湿地帯のため、日本人は車を進化させなかった。日本人の旅はいつも歩きであった。船旅もあったが、それは金持ちの例外的な旅であった。

日本人の誰もが荷物を担ぎ、歩いていた。その歩き回る日本人の価値観は「モノを小さく軽くする」ことであった。モノを小さく軽くすることは、モノを担ぐ自分自身の命を救うことであった。

モノを細工して小さく詰め込む。旅用具はすべて細工され小さく詰め込まれた。旅の必需品のハサミ、刺ぬき、針、筆などが小さく袋に収納されている。

日本人たちは、細工されないモノを「不細工」と馬鹿にし、詰め込まないモノを「詰まらない」と侮った。縮めて詰め込むことは日本人の美意識までに昇華してしまったのだ。モノを縮める欲求は、ゲームにも向かった。旅の宿での長夜の時間つぶしに、ゲームは必需品であった。

6世紀ごろ、東南アジアや中国から盤上の戦争ゲームが伝わってきた。それは頭脳を使う賭博で、人々の興奮を掻き立てた。ただし、そのゲームはある難点を持っていた。ゲームの駒が立像でかさばっていたのだ。

この立像を歩いて持ち運びやすくするため、小さく軽く縮める日本人得意の工夫が始まった。

タイから伝わったマックルックの「歩」の平駒がヒントとなった。つまり、すべての立像を平らな駒にしてしまう。さらに、王、戦車、軍馬、歩などの駒の役割を漢字で書いてしまう。これで将棋は一気に小さく軽くなった。

ここまで来ると、駒を矢印の五角形にして、駒の向きで敵味方の区別をするアイディアに行きつくのは簡単だった。

木片で作られた五角形の平型の駒は、限りなく小さく軽くなった。木片どころか紙で作ってしまう者まで現れた。将棋は旅をする庶民たちの必携品となり日本中に広まっていった。

賭け好きな庶民は、時間があれば盤を広げ、薄い駒を取り出した。

初期の将棋はチェス系ルールで、敵の駒を取っていくだけであった。そのため、終盤になると盤上から駒はどんどん消えていく。駒が少なくなれば、強い駒の王が働き、勝負が長引き、引き分けになることが多かった。

賭博の勝負が長引いたり、引き分けになるのは許せない。ふと、自分の手元を見ると、取った敵の駒がいっぱいある。敵の駒といっても自分の駒と同じ形である。勝ち負けを急ぐ旅の人々は、この取った敵の駒をもう一度使うという、とんでもないことを思い付いた。

持駒使用の誕生の一瞬であった。

■持駒使用の刺激と興奮

敵だった持駒をもう一度使ってみると実に面白かった。

なにしろいつでも持駒が飛び出すので、終盤まで盤上は駒でにぎやかであった。持駒を繰り出すことで、無数の攻撃法が編み出された。引き分けはなくなり、短時間で必ず勝負がついた。それも土壇場で形勢が逆転することが多かった。

世界中のチェス系は、駒が少なくなった終盤は静かに終了していく。それに対して、日本将棋は終盤が最も刺激的で、華やかで、興奮が最高潮に達するゲームに変身してしまった。

木村九段の指摘によれば、世界のチェス系では駒の働きを強くした第2波、第3波の改良が行われた。しかし、日本将棋はまったく異なった道を歩んでいった。チェスの駒の働きがどれほど改良されようとも、日本将棋の持駒使用の刺激と興奮には程遠かった。

日本将棋は世界のチェス系とまったく異なる世界を創り上げてしまった。

古代から歩き続けていた日本人は、モノを小さく軽くする本性を身につけていた。その日本人は将棋も小さく軽くすることに夢中になった。小さく軽い駒型になった将棋は、敵の駒を使用するという複雑で刺激的なゲームへ進化した。

日本で日本将棋が生れたのは偶然ではない。厳しい地形の日本列島を歩きまわっていた人々が、日本将棋を生み出すのは必然であった。

初出：『クライテリオン』２０１８年3月号〜２０２１年5月号

［著者略歴］
竹村公太郎（たけむら・こうたろう）
日本水フォーラム代表理事。博士（工学）。
1945年生まれ、神奈川県出身。1970年東北大学工学部土木工学科修士修了。同年建設省入省、近畿地方建設局長を経て国土交通省河川局長。2001年退職。一貫して河川、水資源、環境問題に従事。人事院研修所客員教授。
著書に『日本史の謎は「地形」で解ける』（PHP文庫3部作）、『土地の文明』『幸運な文明』（以上、PHP研究所）、『日本文明の謎を解く』（清流出版）、『水力発電が日本を救う』（東洋経済新報社）など多数がある。

“地形と気象”で解く！　日本の都市 誕生の謎

2021年6月1日　第1刷発行
2024年1月1日　第2刷発行

著　者　竹村公太郎
発行者　唐津 隆
発行所　株式会社ビジネス社
〒162-0805　東京都新宿区矢来町114番地 神楽坂高橋ビル5階
電話　03(5227)1602　FAX　03(5227)1603
http://www.business-sha.co.jp

〈装幀〉齋藤稔（株式会社ジーラム）
〈装幀写真〉佐藤雄治
〈本文組版〉有限会社メディアネット
〈印刷・製本〉大日本印刷株式会社
〈営業担当〉山口健志
〈編集担当〉中澤直樹

ISBN978-4-8284-2285-5